Le Faux Messie et le Retour de 'Isâ Fils de Marie

Al-Imâm Al-Qurṯubî

Préface de l'éditeur

Louange à Allah, Seigneur des mondes, et que la prière et le salut d'Allah soient sur notre Prophète Muhammad, sa famille et ses compagnons.

C'est avec le plus grand plaisir que les éditions Dar Al Muslim vous présente cet ouvrage intitulé : *Le Faux Messie et le retour de 'Isa* (u). Essentiellement extrait du livre intitulé : *Le Grand Rappel* composé par le grand savant de l'exégèse du Coran, l'imam Al-Qurtubî. Considéré comme une référence en matière religieuse, ce livre, de même que son auteur, sont reconnus unanimement par toute la communauté. Et nous ne manquerons pas de publier d'autres ouvrages issus de cette même source *in shâ Allah.*

Le statut de l'imam Al-Qurtubî nous permet de proposer aux lecteurs francophones, quelle que soit son obédience, une lecture des prophéties qui réunira la communauté autour d'un sujet dont l'importance ne peut être mieux souligné que par le Prophète (ﷺ) lui même :

« *Il n'y a pas eu de tentation plus grande depuis qu'Allah a crée Adam que celle du Dajjâl. Allah n'a pas envoyé de Prophète sans qu'il ne mette sa communauté en garde contre lui.* »

Il dit encore (ﷺ):

« *Quiconque entend parler du Dajjâl, qu'il s'éloigne de lui. Par Allah ! Un homme se présente à lui, pensant être croyant, mais le suit finalement en raison des ambiguïtés avec lesquelles il a été envoyées.* »

Agrémenté de paroles de savants tout aussi illustres comme Ibn Kathîr, l'ouvrage se veut assez complet sur le sujet. Il aborde également un certain nombre de prophéties précédents l'avènement de l'Heure. Il décrit l'époque, les lieux où se dérouleront ces évènements et surtout, de quelle façon le croyant pourra se prémunir contre la tentation du *Dajjâl*.

Enfin, nous remercions Allah de nous avoir permis de mener à bien cet œuvre. Nous remercions ensuite le traducteur , le frère Abdelkarim Zentici pour avoir mis à profit son bagage scientifique, ainsi que le frère Dr. Nabil Aliouane pour ses travaux de révision nécessaires à l'aboutissement de cette œuvre, de même que pour sa patience durant notre collaboration .

Nous demandons à Allah qu'Il fasse que nos actes soient sincèrement voués à Sa satisfaction.

Et que la paix et la bénédiction d'Allah soient sur notre Prophète Muhammad, sa famille et ses compagnons.

Les signes précurseurs de la venue du *Dajjâl*[1]

Premièrement : les signes cités par *Al-Jassâsah* (l'Espionne) :

1_ Les palmiers de *Baysân* ne donneront plus de fruits. *Baysân* se situe entre la Jordanie et la Palestine comme il est indiqué dans la version du hadith de At-Tirmidhî.

2_ Le lac de Tibériade s'assèchera, ce lac se situe dans la région de la ville de Tibériade en Jordanie.

Deuxièmement : la haine et les mauvaises relations se répandront entre les hommes, et la religion faiblira :

Conformément aux propos rapportés par Ma'mar ibn Râshid dans le recueil *Al-Jâmi'* (20 828), selon Qatâda : « Un héraut s'est écrié à Kûfah : « Le *Dajjâl* est parmi nous ! » Un homme vint voir Hudhayfah ibn Usayd et lui dit : « Tu es assis là alors que les habitants de Kûfah combattent le *Dajjâl* ? » Hudhayfah lui répondit : « Assieds-toi ! » Puis, un deuxième homme vint et dit : « Vous êtes assis là alors que les habitants de Kûfah se battent contre le *Dajjâl* ? » Hudhayfah lui répondit : « Assieds-toi ! » Après un

[1] NdT : En français comme en arabe, il y a de nombreux termes pour désigner le Faux Messie. Pour cette épître nous avons choisi de garder le mot arabe *Dajjâl* dont l'explication linguistique viendra au chapitre suivant.

moment, un troisième vint et dit : « C'est encore une invention de Sabbâgh ! Parle-nous du *Dajjâl* Hudhayfah, car tu ne nous as pas arrêtés sans en avoir quelque science. » Hudhayfah dit : « S'il était apparu aujourd'hui, les enfants l'auraient enfoui sous leurs jets de pierres. Mais il ne sortira que lorsqu'il n'y aura que peu d'hommes, peu de nourriture, de mauvaises relations entre les hommes et une baisse de la religion. On étendra pour lui la terre comme le pelage d'un bélier. »[2]

Troisièmement : l'apparition de charlatans se faisant tous passer pour des messagers d'Allah, comme prémices à l'apparition du *Dajjâl* :

Cela est confirmé dans le hadith rapporté par Abû Hurayrah (رضي الله عنه) où le Prophète (ﷺ) a annoncé : « *L'Heure ne viendra pas avant l'apparition de charlatans au nombre de trente environ, tous se prétendant messager d'Allah.* »[3]

Jâbir ibn Samurah (رضي الله عنه) rapporte également : j'ai entendu le Messager d'Allah (ﷺ) dire : « *Il y aura de grands menteurs à l'approche de l'Heure.* »[4] Et dans une version Jâbir a ajouté : « *méfiez-vous d'eux !* »

---

[2] Shaykh Al-Albânî l'a authentifié dans *Qissat ul-Masîh Ad-Dajjâl* (p.106).

[3] Rapporté par Al-Bukhârî (3608), et Muslim (157).

[4] Rapporté par Muslim (1822, 2923).

Quatrièmement : la guerre des romains contre les musulmans occasionnant des pertes énormes dans les deux camps :

Un tiers de l'armée des croyants sera vaincu, un tiers périra, et le dernier tiers se dressera pour vaincre les romains. Cette bataille aura lieu à *Al-A'mâq* ou a *Dâbiq* qui se trouvent toutes deux dans la région du *Shâm,* près d'Alep en Syrie. Le déroulement de ce combat a été rapporté en détails dans les hadiths d'Ibn Mas'ûd et d'Abû Hurayrah (ﷺ), tous deux rapportés par Muslim.

Dans le hadith d'Abû Hurayrah (ﷺ) notamment, il est fait mention que ce dernier tiers des troupes va conquérir Constantinople. Dans un autre hadith d'Abû Hurayrah, soixante-dix milles hommes de Banî Ishâq envahiront Constantinople construite en partie sur la terre et sur la mer. Ils la conquerront en disant : « Il n'y a de divinité digne d'adoration qu'Allah ! Allah est le Plus Grand ! » Puis apparaîtra le *Dajjâl*. Mais voici le détail du hadith :

Premier hadith : d'après Abû Hurayrah (ﷺ), le Messager d'Allah (ﷺ) a dit :

« L'Heure ne viendra pas avant que les romains n'arrivent à Al-A'mâq ou a Dâbiq. Une armée de Médine constituée des meilleurs gens sur terre à cette époque sortira à leur rencontre. Quand les deux armées seront en ligne, les romains diront : « Laissez-nous combattre seuls ceux qui ont fait prisonniers des nôtres ! » Les musulmans répondront : « Non ! Par Allah ! Nous ne vous laisserons jamais seuls à seuls avec nos frères. » Suite à

ce refus, les combats commenceront. Un tiers à qui Allah ne pardonnera jamais, fuira le combat. Un tiers, les meilleurs martyrs auprès d'Allah, périra. Un tiers, qui ne sera jamais éprouvé aura la victoire, et ils conquerront Constantinople. Pendant le partage du butin, ils auront pendues leurs épées aux oliviers, un démon criera parmi eux : « Le Dajjâl est dans vos demeures ! » Ils lèveront le camp alors que cela était faux. Mais lorsqu'ils arriveront au Shâm, il apparaîtra réellement. Et alors qu'ils se prépareront au combat et se mettront en rang, l'heure de la prière arrivera et 'Isâ fils de Marie (u) descendra du ciel, et présidera la prière.[5] *Quand l'ennemi d'Allah le verra, il fondra comme le sel fond dans l'eau. S'il le laissait ainsi, il se dissoudrait totalement jusqu'à périr, mais Allah le fera mourir des mains de 'Isâ, afin qu'il leur montre son sang sur sa lance. »*

Deuxième hadith :

Selon Yasîr ibn Jâbir : un vent violent s'est déchaîné à Kûfah. Quand soudain, un homme arriva n'ayant rien d'autre à la bouche que : « Ô 'Abdullah ibn Mas'ûd ! L'Heure est venue ! » Abdullah ibn Mas'ûd s'est alors assis — alors qu'il était accoudé — et a dit : « L'Heure ne viendra que lorsqu'il n'y aura plus aucun partage d'héritage ni aucune joie liée au butin. » Ensuite, il pointa son doigt en direction du Shâm et dit : « Un ennemi se réunira contre les musulmans, qui se réuniront à leur tour contre eux. —Sont-ce les romains ?— Oui, ce sont les romains ! Il y aura pendant ce combat des apostasies.

---

[5] C'est une autre prière que celle qui se fera en présence du Mahdî, lorsque 'Isâ refusera de la présider.

Les musulmans enverront un escadron vers la mort, ne devant revenir que victorieux. Les combats se poursuivront pour finalement s'interrompre à la nuit, chacun regagnant son camp sans la victoire, l'escadron disparaîtra. Ensuite, les musulmans enverront un nouvel escadron vers la mort, ne devant revenir que victorieux. Les combats reprendront alors jusqu'au soir, chacun regagnant son camp sans la victoire, et l'escadron disparaîtra.

Le quatrième jour, le reste des musulmans les rejoindront pour prendre part aux combats, Allah fera alors tourner la bataille en leur défaveur et ils subiront de lourdes pertes (ou bien a-t-il dit : comme on en a jamais vu ou bien comme on n'en verra jamais). Les combats seront si violents que tout oiseau passant sur le champ de bataille tombera raide mort. Sur cent membres d'un même clan, il n'en reviendra qu'un. De quel butin pourront-ils se réjouir ? Et quel héritage vont-ils se partager ?

A ce moment, ils entendront une nouvelle encore plus alarmante encore. L'écho leur parviendra que le *Dajjâl* est dans leurs demeures. Ils laisseront alors ce qu'ils ont entre les mains et reviendront sur leur pas en dépêchant un peloton de dix éclaireurs.

Le Messager d'Allah (ﷺ) a dit :

« *Je connais le nom de chacun, celui de leurs pères, ainsi que la couleur de leurs chevaux. Ils seront les meilleurs cavaliers sur terre à cette époque (ou bien a-t-il dit : ils seront parmi les meilleurs cavaliers sur terre à cette époque).* »[6]

Troisième hadith :

Selon Abû Hurayrah (ﷺ), le Prophète (ﷺ) a dit :

« *Avez-vous entendu parler de la cité dont une partie est sur terre et l'autre sur la mer ?* — Bien sur ! Ô Messager d'Allah ! — *L'Heure ne viendra pas tant que soixante dix mille membres de la tribu Banû Ishâq ne la conquissent. Lorsqu'ils y arriveront et dresseront leur campement, ils ne combattront pas avec les armes et ne lanceront aucune flèche. Ils diront simplement : « Il n'y a aucune divinité digne d'adoration en dehors d'Allah ! Allah est le Plus Grand ! » Ce qui provoquera la chute d'un de ses côtés* (Thawr a ajouté : Je ne pense pas qu'il est dit autre chose que le côté sur la mer). *Ensuite, ils diront une deuxième fois : « Il n'y a aucune divinité digne d'adoration en dehors d'Allah ! Allah est le Plus Grand ! » Et l'autre côté tombera. Ensuite, ils diront une troisième fois : « Il n'y a aucune divinité digne d'adoration en dehors d'Allah ! Allah est le Plus Grand ! » Et la ville leur sera ouverte et ils y pénètreront pour s'emparer du butin.*

---

[6] Rapporté par Muslim (2897).

Mais durant le partage, un écho leur viendra disant : le Dajjâl est apparu ! Ils délaisseront tout et reviendront chez eux. »[7]

Quatrièmement : selon Anas ibn Mâlik (ﷺ), le Messager d'Allah (ﷺ) a dit : « *Avant le Dajjâl, il y aura des années traîtres (ou trompeuses). On démentira la personne sincère et on croira le menteur, on accusera l'honnête homme et on aura confiance au malhonnête. Et les Ruwaybidhah (les gens vils et insignifiants) parleront.* — Qui sont-ils ? — *Le pervers qui parle sur des sujets graves (ou les affaires communes).* »[8]

Cinquièmement : selon Râshid ibn Sa'd : quand *Istakhar* a été conquise, un héraut cria : « Le *Dajjâl* est apparu ! » Sa'b ibn Juthâmah les rencontra et leur dit : « Si vous n'aviez pas prononcé ces paroles, je vous aurais informé que j'ai entendu le Messager d'Allah (ﷺ) dire : « *Le Dajjâl ne sortira pas avant que les gens l'aient oublié dans leur conversation, et que les imams n'en fassent plus mention sur leurs chaires.* »[9]

---

[7] Rapporté par Muslim (2920).

[8] Rapporté par Ahmad dans son *Musnad* (220/3), ce hadith est *sahîh* si l'on tient compte des autres hadiths qui confirment son sens.

[9] Rapporté par Ahmad dans son *Musnad* (71/4) avec une chaîne de transmission *dha'îf*.

Etymologie du terme *Dajjâl*

Al-Qurṯubî a dit dans son livre *Rappel sur les événements de la mort et de la vie future.*[10] : « Ibn Diẖyah rapporte que les savants ont dit : dans la langue, le mot *Dajjâl* porte dix sens :

1_ *Dajjâl* signifie le menteur comme l'a signalé Al-Khalîl et d'autres. Cela vient de *dajala ou dajla* qui signifie mentir, et il est menteur car il mélange le vrai et le faux. Son pluriel est *Dajjâlun* ou *Dajâjilah* comme nous l'avons vu précédemment.

2_ *Dajjâl* vient aussi de *Dajal* qui signifie enduire le chameau de goudron. Il fut appelé ainsi car il recouvre la vérité et la cache par sa magie et son mensonge comme le chamelier recouvre les croûtes (sur la peau) de sa bête de *dajjala,* autrement dit de goudron pour la soulager. Lorsqu'il accomplit cette action, on l'appelle *Al- Mudajjil* comme l'a rappelé Al- Asma'î.

3_ Il est appelé ainsi pour sa faculté à parcourir les quatre coins de la terre, et à se déplacer rapidement. On emploi le verbe *dajala* pour un homme qui le fait.

---

[10] Les propos d'Al-Qurṯubî commencent ici.

4_ Cela vient aussi du fait qu'il couvre la terre entière. *dajal* signifie donc aussi couvrir. Ibn Durayd rapporte : on dit d'une chose recouverte *dajaltahu* (tu l'as recouverte).

C'est pour cela que le fleuve le Tigre s'appelle (en arabe) *Dajla* car il s'étend sur terre et recouvre les endroits où il s'est déversé.

5_ Il est appelé *Dajjâl* pour sa faculté à traverser et à fouler toute la terre à l'exception de la Mecque et de Médine. *Dajjâla* signifie également le flot immense.

6_ Il est appelé *Dajjâl* car il trompera les gens par son mal, de la même façon que l'on dit : untel m'a éclaboussé de son mal.

7_ *Dajjâl* signifie également charlatan.

8_ *Dajjâl* est aussi le fourbe comme l'a dit Tha'lab, on dit d'une épée qu'elle est *midjâl* si celle-ci est recouverte d'or.

9_ *Dajjâl* est aussi l'or liquide appliqué sur un objet afin d'améliorer son apparence alors que son intérieur est en argile ou en bois. Il est appelé *Dajjâl* car il détient l'art d'embellir le faux.

10_ *Dajjâl* désigne aussi l'éclat (*farnad*) de l'épée, sa matière, sa substance. *Farnad* est un mot d'origine étrangère qui a été arabisé et qui désigne à la base une source limpide. Autrement dit : ce qui est pur. Ibn Al-A'râbî a précisé : « *le safran, la fourrure, le 'Abîr (parfum), la marjolaine, et le Hashâd sont communément qualifiés ainsi.* »

Ces dix sens ont été recensés par Al-Hâfidh Abû Hattâb ibn Dihyah dans son ouvrage : *Maraj Al-Bahrayn fî Fawâ'id Al-Mashriqayn wal-Maghribayn.*

Muslim rapporte d'après Abû Dardâ (ﷺ) que le Messager d'Allah (ﷺ) a dit : « *Quiconque mémorise les dix premiers versets de la sourate La Grotte (Al-Kahf), sera protégé contre le Dajjâl.* » Dans une autre version, il est dit : « *les dix derniers versets* »[11]

D'après Abû Bakr ibn Abî Shaybah, selon Al-Fultân ibn 'Asim, le Prophète (ﷺ) a dit : « *Le Dajjâl est un homme au front lisse, son œil gauche est fermé, son nez est large et crochu.* »[12]

---

[11] Rapporté par Muslim (809).

[12] Hadith *dha'îf* !

La description du *Dajjâl* et le lieu de son apparition

Selon Hudhayfah (ﷺ), le Messager d'Allah (ﷺ) a dit : « *Le Dajjâl est borgne de l'œil gauche et il a les cheveux crépus. Il a avec lui un paradis et un enfer, son enfer est un paradis, et son paradis est un enfer.* »[13]

Toujours selon lui, le Messager d'Allah (r) a dit :

« *Je suis plus au courant de ses artifices que lui : il aura avec lui deux rivières qui couleront; l'une étant en apparence une eau blanche, et l'autre en apparence un feu ardent. Celui d'entre vous qui le voit, qu'il choisisse la rivière qui lui semble être de feu, qu'il ferme les yeux, baisse la tête et boive car en réalité c'est une eau fraîche. Son œil est fermé, recouvert d'une membrane épaisse. Il est écrit mécréant (kâfir) entre ses yeux, tout croyant pourra le déchiffrer qu'il sache lire ou non.* »[14]

...

Selon 'Abdullah ibn 'Umar (ﷺ), un jour le Messager d'Allah (ﷺ) était au milieu des gens, et il a évoqué le *Dajjâl* en disant : « *Allah n'est pas borgne tandis que le Dajjâl est borgne de l'œil droit qui ressemble à un raisin flétri.* » Et il

---

[13]Rapporté par Muslim (2934).

[14] Rapporté par Al-Bukhârî (3450) et Muslim (2934).

rapporte que le Messager d'Allah (ﷺ) a dit : « *Je me suis vu en rêve cette nuit près de la Ka'ba et j'ai vu un homme mate de peau, du plus beau teint qui ait été donné aux hommes. Les mèches de ses cheveux bouclés ondulaient sur ses épaules et de l'eau ruisselait sur son visage. Les mains appuyées sur les épaules de deux hommes, il tournait autour de la Maison d'Allah. Je demandai : Qui est cet homme ? On me dit : C'est le Messie fils de Marie. J'ai ensuite aperçu derrière lui un homme aux cheveux courts et crépus, borgne de l'œil droit, qui ressemblait le plus physiquement, de tous les gens que j'ai vus, à Ibn Quṯn. Les mains posées sur les épaules de deux hommes, il tournait autour de la Maison d'Allah. Je demandai : Qui est cet homme ? On me dit : C'est le Dajjâl.* »[15]

Abû Bakr ibn Abî Shaybah rapporte d'après Ibn 'Abbâs (ﷺ) que le Messager d'Allah (ﷺ) a dit :

« *Le Dajjâl est borgne, crépu, blanc comme une chamelle et luisant comme la lune. Sa tête est comme une branche d'arbre. La personne qui lui ressemble le plus physiquement est 'Abd Al-'Uzzâ ibn Quṯn Al-Khuzâ'î. C'est la pire des perditions, il est borgne tandis qu'Allah n'est pas borgne.* » [16]

Abû Dâwud At-Tiyâlisî rapporte d'après Abû Hurayrah (ﷺ) que le Prophète (ﷺ) a dit : « *Le Dajjâl est borgne de l'œil droit, il a un grand front, un nez large et crochu, il est comme Quṯn ibn 'Abd Al-'Uzzâ.* » Un homme demanda : « Ses ambiguïtés me causeront-elles du tort, ô Messager

---

[15] Rapporté par Al-Bukhârî (3440, 3439), et Muslim (169).
[16] *Al-Musannaf* d'Ibn Abî Shaybah (7/490).

d'Allah ? » *Il répondit : « Non ! Tu es musulman et lui est mécréant.* »

Il rapporte également d'après Ubay ibn Ka'b (ﷺ) que le Prophète (ﷺ) a évoqué le *Dajjâl* en ces termes : « *L'un de ses yeux est comme un verre de couleur verte. Il a ensuite cherché protection auprès d'Allah contre le châtiment de la tombe.* »[17]

At-Tirmidhî rapporte d'après Abû Bakr (ﷺ) que le Messager d'Allah (ﷺ) a dit :

« *Le Dajjâl apparaîtra dans un pays à l'Est appelé Khurasân. Une foule de gens va le suivre. Leur visage ressemble à des boucliers bien ronds et bien remplis.* »[18] Sa chaîne de transmission est sahîh.

'Abd Ar-Razzâq a rapporté d'après Ma'mar, d'après Abû Hârûn Al-'Abdî, d'après Abû Sa'îd Al-Khudrî (ﷺ), le Messager d'Allah (ﷺ) a dit :

« *Soixante-dix mille de ma communauté suivront le Dajjâl, vêtu des Sîjân.* »[19] Cet ornement *Sîjân*, pluriel de *Sâj* n'est autre qu'un toge verte (ou un manteau persan). Pour Al-Azharî, ce serait une tôle coupée sous cette forme.

---

[17] Rapporté par Ahmad dans son *Musnad* (5/123-124), et At-Tiyâlisî dans son *Musnad* (544), il a été authentifié par shaykh Al-Albânî.

[18] Rapporté par At-Tirmidhî (2237), et ibn Mâjah (4072), shaykh Al-Albânî l'a authentifié.

[19] Ce hadith est *dha'îf*, la version authentifiée est celle de Muslim, d'après Anas ibn Mâlik le Prophète (r) a dit : « *Soixante dix mille parmi les Juifs d'Asbahan vêtus de manteaux persans vont suivre le Dajjâl.* »

At-Tabarânî rapporte d'après Qatâda, d'après Shahr ibn Hawshab, d'après Asmâ bint Yazî que le Messager d'Allah (ﷺ) a évoqué le *Dajjâl* en sa présence, et qu'il a dit : « *Avant son apparition, il y aura trois années. La première année, le ciel retiendra le tiers des pluies et la terre le tiers des ses fruits. La deuxième année, le ciel retiendra les deux tiers de ses pluies, et la terre les deux tiers de ses fruits. La troisième année, le ciel retiendra toutes ses pluies, et la terre tous ses fruits de sorte que tout animal à dents et à sabots mourra.* »[20]

Abû Dâwud At-Tiyâlisî l'a également rapporté d'après Hishâm, d'après Qatâda, d'après Shahr ibn Hawshab, d'après Asmâ.

Ibn Mâjah l'a également rapporté, d'après ibn Umâmah. Dans certaines versions, il est spécifié :

« *La troisième année, Allah retiendra la pluie, et toutes les cultures de sorte qu'aucune goutte ne tombera du ciel, et que la terre ne donnera aucune végétation jusqu'à ce que la terre soit comme le cuivre et le ciel comme le verre. Les hommes mourront de faim et d'épuisement. Les troubles et les désordres se multiplieront, les gens s'entretueront et s'expulseront les uns les autres, et le désastre atteindra tous les gens sur terre. C'est à ce moment qu'apparaîtra le maudit, le Dajjâl, du côté d'Asbahân, dans une cité connue sous le nom de Al-Yahûdiyah (la ville juive), chevauchant un âne castré ressemblant à un mulet. Il y a entre les oreilles de son âne une distance de quarante coudées*[21]. *Quant aux traits du Dajjâl : il a un corps immense,*

[20] La chaîne de transmission de ce hadith est *hasan*.

[21] Une coudée faisant 50 cm environ.

grand de taille, gros, aux cheveux courts et crépus, borgne de l'œil droit comme s'il n'en avait jamais eu. Son autre œil est injecté de sang. Entre ses yeux est écrit : mécréant (kâfir), ce que toute personne croyant en Allah sera capable de lire. Lorsqu'il apparaîtra, il poussera trois grands cris afin de se faire entendre de tous d'Est en Ouest. »

Il est rapporté qu'à la fin des temps une femme attirante et d'une extrême beauté va émerger de l'eau, et s'offrir aux gens en foulant toutes les terres. Celui qui cédera à ses charmes tombera dans la mécréance. Et c'est à ce moment qu'apparaîtra le *Dajjâl.*[22]

Parmi les signes précurseurs de sa venue, on peut recenser la conquête de Constantinople. Les Textes précisent qu'entre son apparition et la conquête de cette cité, sept mois vont s'écouler comme nous l'avons déjà vu.

Abû Dâwud At-Tiyâlisî a rapporté d'après Al-Hashraj ibn Nubâta, d'après Sa'îd ibn Jamhân, d'après Safînah : le Messager d'Allah (ﷺ) s'est adressé à nous et a dit :

« *Il n'y a pas eu un Prophète qui ne mettre en garde sa communauté contre le Dajjâl. Il est borgne de l'œil gauche. Son œil droit est recouvert d'une membrane épaisse, entre ses yeux est écrit mécréant (kâfir). Apparaîtront avec lui deux rivières, l'une est un paradis, l'autre un enfer. Son paradis est un enfer, et son enfer est un paradis. Il dira aux gens :* « Ne suis-je pas votre seigneur ? J'ai le pouvoir de vie et de mort ! » *Il y aura deux*

---

[22] Au regard des Textes, rien ne confirme la véracité de ces légendes ! [NdT]

anges en sa présence qui ressembleront à deux Prophètes. Je connais leurs noms et celui de leurs pères (celui des prophètes), *si je voulais les citer, je le ferais. L'un sera situé à sa droite, l'autre à sa gauche. Il leur dira :* « Ne suis-je pas votre seigneur ? J'ai le pouvoir de vie et de mort ! » L'un répondra : « Tu es un menteur ! » *Mais personne de l'assemblée ne l'entendra, si ce n'est son compagnon.* « Tu dis vrai ! » *Dira l'autre (ange), ce qui sera une* épreuve (car les gens penseront qu'il aura répondu au *Dajjâl*). *Ensuite, il se déplacera jusqu'à parvenir à Médine où il dira :* « Voici la cité de cet homme. » *Mais il ne lui sera pas permis d'y entrer. Puis, il se rendra dans la région du Shâm où Allah le fera périr à ‘Aqabah Afîq.* »[23]

Abûl-Qâsim ‘Abdullah ibn Muhammad ibn ‘Abd Al-‘Azîz Al-Baghawî l'a recensé dans la dixième partie de *Mukhtasar Al-Mu'jam* dans le même sens d'après Muhammad ibn ‘Abd Al-Wahhâb, d'après Hashraj, d'après Sa'îd ibn Jamhân, d'après Safînah le Messager d'Allah (ﷺ) nous a dit :

« *Il n'y a pas eu un Prophète avant moi sans qu'il ne mette en garde sa communauté contre le Dajjâl. Il est borgne de l'œil gauche. Son œil droit est recouvert d'une membrane épaisse, entre ses yeux est écrit mécréant (kâfir). Il aura avec lui deux rivières ; l'une est un paradis, l'autre un enfer. Il y aura deux anges en sa présence qui ressembleront à deux Prophètes. Si je voulais, je les nommerais. L'un sera situé à sa droite, l'autre à sa gauche. Il leur dira :* « Ne suis-je pas votre seigneur ? J'ai le pouvoir de vie

[23] La chaîne de transmission de ce hadith est *hasan*. Rapporté par At-Tiyâlisî (1106) et Ahmad (0/221-222).

et de mort ! » L'un répondra : « Tu es un menteur ! » *Mais personne dans l'assemblée ne l'entendra, si ce n'est son compagnon qui lui répondra :* « Tu dis vrai ! » *Les personnes présentes l'entendront en pensant qu'il a approuvé le Dajjâl, ce qui sera une épreuve. Ensuite, le Dajjâl se déplacera jusqu'à parvenir à Médine où il ne lui sera pas permis d'entrer. Il dira :* « Voici la cité de cet homme. » *Puis, il se rendra dans la région du Shâm où Allah le fera périr à 'Aqaba Afîq.* »[24]

Ibn Barjân dit dans *Al-Irshâd* : « Il est fort probable d'après moi, que les deux Prophètes auxquels (ces anges) ressemblent, ne sont autre que le Messie fils de Marie, et Muhammad (ﷺ) car tous deux ont mis en garde contre lui et ont recommandé de le faire.

Abû Dâwud rapporte dans ses *Sunan*, d'après 'Ubâdah ibn As-Sâmit (ﷺ) que le Messager d'Allah (ﷺ) a dit :

« *Je vous ai beaucoup parlé du Dajjâl de crainte que vous oubliiez qu'il est petit de taille, a les jambes arquées, que ses cheveux sont crépus, qu'il est borgne, son œil est masqué, ni enflé ni creux. S'il cherche à vous tromper, sachez que votre Seigneur n'est pas borgne.* »[25]

Le Prophète (ﷺ) nous a décrit le *Dajjâl* de façon tellement précise qu'il ne puisse plus exister de confusion pour toute personne sensée. Et toutes ses caractéristiques sont négatives comme peut le constater toute personne ayant une perception saine. Cependant, ceux pour qui Allah a

---

[24] Voir la note précédente.

[25] Ce hadith est sahîh. Voir *Sunan Abî Dâwûd* (432).

décrété le malheur vont suivre cet homme dans ses revendications mensongères et ses absurdités, se privant ainsi du suivi de la vérité et de la lumière de la révélation.

Sa parole : « *Il est borgne et Allah n'est pas borgne* », montre aux esprits faibles ou inattentifs que tout être diminué et incapable de rectifier son imperfection, ne peut prétendre à la divinité en raison justement de son incapacité et de sa faiblesse. S'il est incapable de se rectifier lui-même, il sera d'autant plus incapable de profiter ou de nuire à autrui.

Dans le hadith de Hudhayfah (ﷺ), il est précisé : « *borgne de l'œil gauche* » tandis que dans celui d'Ibn 'Umar (ﷺ), il est dit : « *borgne de l'œil droit* ». Beaucoup de savants ont eu du mal à regrouper les deux hadiths, et Abû 'Umar ibn 'Abd Al-Barr en a fait état dans son livre *At-Tamhîd*.

Dans le hadith de Samurah ibn Jundub (ﷺ), le Prophète (ﷺ) a dit :

« *Le Dajjâl apparaîtra, il est borgne de l'œil gauche qui est recouvert d'une membrane épaisse. Il guérira l'aveugle et le lépreux, il ressuscitera les morts et dira aux gens : je suis votre seigneur ! Celui qui répondra tu es mon seigneur, aura succombé à sa tentation, et celui qui répondra : Allah est mon Seigneur, sera préservé de sa tentation ; il ne sera ni éprouvé ni châtié. Il restera sur terre ce que Allah aura décidé. Ensuite, 'Isâ* (u) *viendra de l'Ouest*[26] *confirmant Muhammad et sa religion. Il tuera le Dajjâl, ensuite viendra l'Heure.* »[27]

---

[26] L'ouest de Médine, autrement dit la région du *Shâm* ; La Syrie, au Nord de la Jordanie plus exactement. [NdT]

Ibn 'Abd Al-Barr a dit : Dans ce hadith, il est fait mention de l'œil gauche, tandis que dans celui de Mâlik, il est fait mention du droit, et Allah est plus savant. Toutefois, le hadith de Mâlik est plus authentique au regard de sa chaîne de rapporteurs.

Abû Al-Khattâb ibn Dihyah dit : « Ce n'est pas comme il le prétend. Au contraire, toutes ses voies de transmission sont aussi authentiques les une que les autres dans les deux cas. Notre Shaykh Ahmad ibn 'Umar a affirmé dans *Al-Mufhim* : il est très difficile de regrouper ces deux hadiths divergents. Or, Al-Qâdhî 'Iyâdh s'y est attelé et a dit : Il est possible selon moi de regrouper ces deux versions. Il suffit de dire qu'il est borgne des deux yeux d'une certaine manière et cela est tangible à tout niveau : le défaut et le mot. Etre borgne est un défaut.

L'un est réellement borgne comme il est spécifié dans le hadith qui dit qu'il n'est ni enflé ni creux mais qu'il est effacé, oblitéré, et éteint. L'autre œil est aussi borgne du fait de son défaut qui est d'être exorbité (saillant), comme s'il était à un astre pendant[28] sur son visage, ou un raisin flétri. En définitive, il est possible de décrire chacun des ses yeux

---

[27] Rapporté par Ahmad (13/5), ce hadith est sahîh.

[28] Il fait allusion au hadith d'Ibn 'Abbâs qui dit concernant l'Ascension : « Il a vu (autrement dit le Prophète) le *Dajjâl* de ses yeux et non en rêve, comme il a vu Ibrahim et 'Isâ. Quand il fut questionné au sujet du *Dajjâl*, il répondit : « *petit grossier (ou déformé), avec un œil en orbite comme un astre, ses cheveux ressemblent aux branches d'un arbre.* » Rapporté par Ahmad (374/3), et Abû Ya'lâ dans son *Musnad* (2720).

comme étant borgne conformément à l'usage et l'utilisation du terme ou conformément à son sens étymologique.

Notre shaykh a dit : « En résumé, le *Dajjâl* est borgne des deux yeux. L'un suite à un événement le rendant presque invisible. L'autre est un défaut de naissance. Toutefois, cette analyse est peu pertinente car ses deux yeux ont été décrits de la même façon dans chacune des versions. »

Je dis : L'analyse d'Al-Qâdhî 'Iyâdh et son interprétation est juste. Il est indubitable que ces deux défauts sont d'origine différente comme nous l'avons démontré à travers les diverses versions. « *Comme s'il n'en avait jamais eu* » a le même sens que la description dans l'autre version : oblitéré, effacé ni gonflé ni enfoncé. L'autre œil est décrit comme étant injecté de sang, ce qui est un défaut très grave. Surtout si l'on sait qu'il est recouvert d'une membrane épaisse semblable à un morceau de peau recouvrant l'œil. Ainsi, il est possible que les deux yeux accusent le même défaut. Cette membrane épaisse empêche nécessairement l'œil de bien voir de sorte que l'individu ne voit rien ou presque. C'est pourquoi, nous pouvons affirmer que le *Dajjâl* est aveugle ou presque. Mais cette membrane a été citée pour l'œil droit dans le hadith de Safînah, et l'œil gauche dans celui de Samurah ibn Jundûb (ﷺ). Et il est possible que les deux yeux soient recouverts de cette membrane. Le hadith de Hudhayfah (ﷺ) mentionne que l'œil déformé du *Dajjâl* est recouvert d'une membrane épaisse, si c'est le cas celui qui n'est ni déformé ni effacé porte a fortiori cette membrane. Ainsi, les deux hadiths se rejoignent, et Allah est plus savant.

Concernant cette membrane, il est dit qu'elle serait un morceau de chair incrusté dans le coin de l'œil comme une sangsue. Certains rapporteurs l'ont retranscrit ainsi *Thufra* ou lieu de *Thafira*, mais il n'en est rien comme le confirme ibn Dihya.

La foi en l'existence du *Dajjâl* et son apparition est une vérité, et c'est la voie des gens de la sunna et de la plupart des savants du *fiqh* et du hadith, contrairement aux *Khawarij* et *Mu'tazilah* qui nient cette croyance.

Certains *Jahmî* et d'autres sont en accord avec nous sur son existence, mais ils prétendent qu'il n'aura pas de pouvoirs extraordinaires, car si cela s'avérait vrai il couvrirait le mensonge par la vérité et il n'y aurait plus de différence entre un faux et un vrai prophète. Cependant, il ne faut pas tenir compte de ses divagations futiles. Bien que cela aurait pu être plausible si le faux messie revendiquait la prophétie, mais il revendiquera carrément la divinité. C'est pourquoi, le Prophète (ﷺ) a dit explicitement : « « *Allah n'est pas borgne* » pour montrer sa faiblesse, son aspect éphémère, et son imperfection malgré sa corpulence extraordinaire.

Puis il dit : « *entre ses yeux est écrit mécréant (kâfir), tout croyant et croyante pourra le déchiffrer qu'il sache lire ou non.* » Cette vision sera réelle et témoignera de son imposture et de sa mécréance.

Certains ont interprété cette parole « *entre ses yeux est écrit mécréant (kâfir)* » comme les signes de sa création, sa faiblesse et de son imperfection. Et s'il s'agissait réellement de lire, il n'y aurait aucune différence entre le croyant et le mécréant (qui en serait tous deux capables).

C'est une façon déformée et inexacte de comprendre ce hadith, et rien ne le justifie. Ce qu'ils prétendent comme nécessité pour le croyant et le mécréant de lire (*kâfir* sur son front) n'est pas fondé car Allah empêche le mécréant de le voir afin qu'il soit trompé par sa croyance anthropomorphique[29] et soit précipité dans les abîmes de l'Enfer.

Le *Dajjâl* est une épreuve et une tentation pour les hommes, comme au jour du Rassemblement lorsqu'une forme immense se présentera à eux et dira : « Je suis votre Seigneur ! » Les croyants diront qu'Allah nous protège contre toi ! Surtout qu'à cette époque, il se produira beaucoup d'événements surnaturels, et celui-là en fera partie. Cela est démontré dans sa parole « *qu'il sache lire ou non.* »

C'est un phénomène extraordinaire, et le mécréant sera incapable de le faire en raison de sa négligence et de son ignorance. De la même manière qu'il ne pourra voir le

---

[29] En arabe, *tajsîm* : désigne le fait d'attribuer à Allah un corps. Les mécréants penseront donc que le *Dajjâl* est Allah.

défaut de ses yeux et les signes de sa faiblesse, il ne pourra lire sa mécréance.

Quant à la différence entre le vrai et le faux prophète, il faut savoir que le miracle n'apparaît pas entre les mains d'un imposteur ; cela reviendrait à permuter les preuves de la vérité et celles du mensonge, ce qui est impossible.

Quant à prétendre qu'il sera l'auteur de tromperies et d'artifices imaginaires, cet avis est dénué de réalisme étant donné que le Prophète (ﷺ) a fait bel et bien état de la réalité, l'esprit n'ayant aucune prise sur ces phénomènes. Par conséquent, il faut comprendre littéralement ces phénomènes que nous allons expliquer plus amplement avec l'aide d'Allah.

Le *Dajjâl* parcourt toutes les terres sauf Médine et la Mecque

Al-Bukhârî et Muslim rapportent d'après Anas ibn Mâlik (ﷺ), que le Messager d'Allah (ﷺ) a dit : « *Il n'y a pas un pays sans que le Dajjâl ne foule sa terre sauf Médine et la Mecque.* »[30]

Et dans le hadith de Fâṯimah bint Qays : « *Je ne laisserai pas une cité sans la fouler dans un délai de quarante jours sauf Makkah et Ṯayybah (Médine) que me sont toutes deux interdites.* »[31]

Dans une version : « *sauf la Ka'ba et Bayt Al-Maqdis.* » Abû Ja'far At-Ṯahâwî a ajouté : « *et la mosquée du mont Tûr.* » Rapporté par Junâda ibn Abî Umayyah, d'après certains Compagnons, du Prophète (ﷺ).[32]

Dans certaines versions : « *Il ne laissera pas un endroit sans s'en emparer à l'exception de Médine, de la Mecque, de la*

[30] Rapporté par Al-Bukhârî (1881), et Muslim (2943).

[31] Rapporté par Muslim (2942). *Ṯayybah* (la Pure) est un des noms de Médine.

[32] Hadith authentique ; nous allons l'analyser prochainement si Allah le veut.

Mosquée d'Al-Aqsa, et du Mont Tûr. Les anges le chasseront de ces lieux. »[33]

Lorsqu'il apparaîtra, il prétendra être Allah, et assiégera les croyants à la mosquée d'Al-Aqsa

Abû Bakr ibn Abî Shaybah rapporte d'après Samûra ibn Jundub que le Prophète (ﷺ) a dit en en évoquant le Dajjâl :

« *Lorsqu'il apparaîtra, il prétendra être Allah. Quiconque a foi en lui, le suit et croit en ses paroles, ses bonnes œuvres passées ne lui seront d'aucune utilité. Quiconque le renie et ne croit pas en lui ne sera châtié pour aucune de ses œuvres passées. Il se manifestera sur la terre entière à part dans les Lieux Saints (la Mecque), et la mosquée d'Al-Aqsa où il assiégera les croyants.* »[34]

---

[33] Mihjan ibn Al-Adra' rapporte qu'un jour le Messager d'Allah a fait un sermon où il a dit : « *Le jour de la délivrance. Qu'est-ce que le jour de la délivrance ?* » Et il répétait cela. Les compagnons dirent : ô Messager d'Allah, qu'est-ce que le jour de la délivrance ? Il dit : « *Le Dajjâl viendra et gravira le mont Uhud d'où il observera Médine. Il dira :* « Voyez-vous ce palais blanc ? C'est la mosquée d'Ahmad ! » *Ensuite, il voudra entrer à Médine, mais il trouvera à chaque porte de la ville un ange munit d'une épée. Il campera alors dans les marais d'Al-Juruf. Médine sera secouée trois fois, et il ne restera plus aucun hypocrite homme ou femme ni aucun pervers homme ou femme en elle, c'est en ce jour qu'elle sera délivrée (épurée).* » Ce hadith est sahîh comme en témoigne le hadith d'Abû Umâmah.

[34] Rapporté par Ibn Abî Shaybah dans *Al-Al-Musannaf* (497/7), et Ahmad (16/5), la chaîne de transmission de ce hadith est *dha'îf.*

Allah le mettra en déroute, lui et son armée, au point que les murs des maisons et les racines des arbres appelleront : « Ô croyant ! Il y a un mécréant qui se cache derrière moi ! Tue-le ! »

Ces événements n'auront pas lieu avant l'apparition de phénomènes qui perturberont vos esprits vous forçant à vous interpeller les uns les autres : votre Prophète (r) vous en a-t-il déjà fait mention ou non ! Une telle secousse va déplacer les montagnes !

L'énorme corpulence du *Dajjâl*, son immense tentation, l'événement provoquant son apparition, la descente du ciel de 'Isâ (ﷺ) pour le tuer

L'immense tentation du Dajjâl et la durée de sa présence sur terre

Muslim rapporte d'après 'Imrân ibn Husayn (ﷺ), que le Messager d'Allah (ﷺ) a dit : « *Il n'y a pas depuis la création d'Adam jusqu'à la venue de l'Heure, de créature plus grande que le Dajjâl.* »[35]

Dans le hadith de Tamîm Ad-Dârî (ﷺ), celui-ci relate : « Nous nous y sommes rendus précipitamment. Une fois entrés dans le monastère, nous faisions face au plus grand homme que nous n'ayons jamais vu, et le plus solidement enchaîné ! »[36] Nous citerons bientôt le hadith dans son intégralité.

Ibn 'Umar (ﷺ) rapporte avoir rencontré Ibn Siyyâd dans une rue de Médine. Il lui a lancé une parole le mettant en colère. Alors, Ibn Siyyâd s'est mis à gonfler jusqu'à occuper

---

[35] Rapporté par Muslim (2946).
[36] Rapporté par Muslim (2942).

toute la rue. Ibn 'Umar s'est ensuite rendu chez Hafsah pour lui faire-part de l'événement et elle lui dit : « Qu'Allah te fasse miséricorde ! Que voulais-tu d'Ibn Siyâd ? Ne sais-tu pas que Messager d'Allah (ﷺ) a dit : « *Il apparaîtra après s'être mis en colère.* »[37] Nous apporterons ultérieurement, si Allah le veut, des éléments indiquant qu'Ibn Siyyâd est le *Dajjâl*.[38]

L'imam Ahmad rapporte dans son *Musnad,* d'après Muhammad ibn Sâbiq, d'après Ibrâhim ibn Tahmân, d'après Abû Az-Zubayr, d'après Jâbir ibn 'Abdillah (ﷺ) que le Messager d'Allah (ﷺ) a dit :

« *Le Dajjâl apparaîtra à un moment de faiblesse de la religion et de recul de la science (les savants seront peu nombreux). Il restera quarante jours durant lesquels il parcourra la terre. Un jour comme une année, un jour comme un mois, un jour comme une semaine, puis le reste des jours seront comme vos journées habituelles. Il chevauchera un âne dont la distance entre les deux oreilles est de quarante coudées. Il dira aux gens :* « Je suis votre seigneur ! »

Alors qu'il est borgne et Allah n'est pas borgne. Il sera écrit mécréant (kâfir) entre ses yeux, tout croyant pourra le déchiffrer qu'il sache lire ou non. Il franchira chaque point d'eau et chaque source à l'exception de Médine et de la Mecque, dont Allah lui a interdit l'accès. A chacune de leurs portes, se dressent des anges.

---

[37] Rapporté par Muslim (2932).

[38] Contrairement à l'avis d'Al-Qurtubî, Ibn Siyyâd n'est pas le *Dajjâl* comme il le sera éclairci en temps voulu. Nous verrons plus tard que les savants ont divergé sur l'identité du *Dajjâl*.

Il détiendra une montagne de pains au moment où les gens seront dans la difficulté, à l'exception de ses adeptes.

Il aura aussi deux rivières, je les connais mieux que lui-même. Il prétendra qu'une est le Paradis et que l'autre est l'Enfer. Quiconque pénétrera dans celle qu'il nomme être le Paradis, sera en vérité en Enfer. Et quiconque pénétrera celle qu'il nomme être l'Enfer, entrera en vérité au Paradis. On enverra avec lui des démons qui parleront aux hommes. Sa tentation sera immense. Il ordonnera au ciel de pleuvoir, il tuera un homme qu'il fera revivre, tout ceci aux yeux des gens. Il dira : « Ô humains ! Qui d'autre qu'Allah est capable de faire cela ? » *Les gens se réfugieront alors sur la montagne Ad-Dukhân qui se trouve dans la région du Shâm. Il ira à leur rencontre, et les assiégera. Le siège sera très dur, il leur fera endurer la pire des adversités. Ensuite, 'Isâ (ﷺ) descendra du ciel et se présentera à l'aube.*

Il dira : « Ô vous les gens ! Qui vous empêche de sortir à la rencontre du Menteur infâme ? » *Ils diront :* « C'est un homme ! » *Ils iront vers lui et verront qu'il s'agit 'Isâ fils de Marie. A l'heure de la prière, on lui dira :* « Préside-nous, ô Esprit d'Allah. » *Mais, il s'abstiendra et dira :* « Que votre imam s'avance et prie. » *Après avoir accompli la prière de l'aube, ils partiront à la rencontre du Dajjâl qui, lorsqu'il verra 'Isâ, fondra comme le sel fond dans l'eau. 'Isâ le tuera alors, et toute pierre et tout arbre dira :* « Ô Esprit d'Allah ! Il y a un juif (caché derrière-moi) ! » *Il ne laissera aucun de ceux qui ont suivi le Dajjâl sans le tuer.* »[39]

---

[39] Rapporté par Ahmad (367/3) avec une chaîne de rapporteurs considérée comme *dha'îf*.

Il fondra comme le sel fond dans l'eau signifie qu'il disparaîtra, périra et s'évanouira. Certaines versions évoquent que son âne parcourt un mille à chaque pas et franchit plaines et chemins. Il parcourra toute la terre à l'exception de Médine et de la Mecque comme nous l'avons déjà vu.

Reste à voir maintenant la durée de son séjour.

'Abd Ar-Razzâq rapporte d'après Ma'mar, d'après Ibn Khaytham, d'après Shahr ibn Hawshab, d'après Asmâ bint Yazîd Al-Ansariyah, le Messager d'Allah (ﷺ) a dit :

« *Le Dajjâl restera quarante ans sur terre. Une année comme un mois, un mois comme une semaine, une semaine comme un jour, un jour comme une heure, et une heure comme l'embrasement d'une palme sur le feu.* » [40]

En réalité, il demeurera quarante jours conformément au hadith de Jâbir (ﷺ) et comme il est rapporté par Muslim, ainsi que nous le verrons dans le chapitre suivant.

[40] Rapporté par Ahmad (459/6), la chaîne de transmission de ce hadith est *dha'îf*.

L'apparition du *Dajjâl*, ses tentations et ambiguïtés, sa vitesse de déplacement et la durée de son séjour sur terre. Le retour de 'Isâ (عليه السلام), sa description, et les vertueux présents sur terre à cette époque. Le combat contre le *Dajjâl* et les juifs. Le déferlement de Gog et Magog, et leur mort. Le pèlerinage de 'Isâ (عليه السلام), son mariage, la durée de son séjour sur terre, et le lieu de son enterrement

Nous avons vu à travers le hadith de Hudhayfah (رضي الله عنه) qu'il détenait un paradis et un enfer et que son paradis était en fait un enfer et inversement.

'Imrân ibn Husayn (رضي الله عنه) rapporte que le Messager d'Allah (ﷺ) a dit :

« *Quiconque entend parler du Dajjâl, qu'il s'éloigne de lui. Par Allah ! Un homme se présente à lui, pensant être croyant, mais le suit finalement en raison des ambiguïtés avec lesquelles il a été envoyées.* »[41]

---

[41] Rapporté par Ahmad dans le livre des *Fitan* (10), ce hadith est sahîh.

Abû Sa'îd Al-Khudrî (ﷺ) rapporte que le Messager d'Allah (ﷺ) a dit :

« *A l'apparition du Dajjâl, un homme parmi les croyants se présentera à lui. Arrivé devant les gardes du Dajjâl, ces derniers vont l'interpeller :* « Où te rends-tu ? – Je me rends chez cet homme apparu récemment. – Ne crois-tu pas en notre Seigneur ? – Notre Seigneur n'est pas dissimulé. »
Ils voudront le tuer mais se souviendront que le Dajjâl leur a interdit de tuer quiconque si ce n'est par son ordre. Ils choisiront de l'emmener auprès du Dajjâl. A sa vue, le croyant s'écriera : « Ô vous les gens ! C'est le *Dajjâl* que le Messager d'Allah (ﷺ) a évoqué. » *A cet instant, le Dajjâl ordonnera de le frapper rudement :* « Saisissez-le ! Et fouettez-le ! » *Sans tarder, ils couvriront son dos et son ventre de coups. Il lui dira :* « Ne crois-tu pas en moi maintenant ?
Il répondra : « Tu n'es autre que le Faux Messie ! » Il fera alors demander une scie pour le couper en deux de la tête au pied. Ensuite, il passera entre les deux morceaux séparés et dira : « Lève-toi ! » Quand il sera reconstitué et debout, il l'interrogera : « Crois-tu en moi à présent ? –
Ma clairvoyance à ton sujet n'a fait que croître ! Puis, en se tournant vers la foule, il s'écriera : Ô vous les gens ! Il ne pourra le refaire à personne d'autre. » *Le Dajjâl voudra alors l'égorger, mais une plaque en bronze couvrira le cou et la nuque de sa victime, l'empêchant de l'exécuter. Consterné, il le saisira par les bras et les pieds pour le jeter au feu aux yeux des gens, mais en réalité, il sera jeté au Paradis.* »

Le Messager d'Allah (ﷺ) a ajouté : « *C'est le plus grand des martyrs auprès du Seigneur de l'Univers.* » [42]

Abû Ishâq As-Subay'î a rapporté qu'on disait de cet homme qu'il était *Al-Khidhr*.[43]

Dans une version, il est précisé : « *Il arrivera aux abords de Médine mais ne pourra y pénétrer, il s'installera alors dans les marais aux alentours. Un individu parmi les meilleurs hommes ou le meilleur homme sortira à sa rencontre pour lui dire :* « J'atteste que tu es le *Dajjâl* dont le Messager d'Allah a relaté l'histoire. » *Le Dajjâl répondra :* « Voyez-vous, si je tue cet homme, douterez-vous encore de la chose ? » *Ils diront :* « Non. » *Il le tuera d'abord pour le ressusciter dans un deuxième temps. Mais l'homme dira après avoir retrouvé la vie :* « Par Allah ! Je n'ai jamais eu à ton égard autant de conviction qu'à cet instant. » *Le Dajjâl essayera ensuite de le tuer, mais Allah ne lui en donnera pas la possibilité.* »[44] Rapporté par Al-Bukhârî.

D'après Anas (ﷺ), le Messager d'Allah (ﷺ) a dit : « *Il n'y a pas un pays que le Dajjâl ne foulera pas à l'exception de Médine et de la Mecque. A chacune de ses portes, il y a des anges positionnés en rang pour la surveiller. Il fera halte dans les marais* (à l'extérieur de la ville), *et la terre tremblera trois fois faisant sortir à lui tout hypocrite et tout infidèle.* »

Dans une version : « *tout hypocrite homme ou femme.* » Rapporté par Al-Bukhârî.

---

[42] Rapporté par Muslim (2938).

[43] Cette opinion est dépourvue de tout fondement textuel (Coran et Sunna confondus) !

[44] Rapporté par Al-Bukhârî (18882), et Muslim (2938).

An-Nawâs ibn Sam'ân Al-Kullâbî (ﷺ) rapporte que le Messager d'Allah (ﷺ) a évoqué un matin le *Dajjâl*. Il l'a abaissé et élevé,[45] au point que nous pensions le trouver au milieu des palmiers.

Il dit : « *Ce n'est pas le Dajjâl que je crains pour vous. S'il apparaissait alors que j'étais parmi vous, je m'en chargerais, mais s'il venait en mon absence, chacun est responsable de lui-même, et Allah me succèdera auprès de tout croyant. Il est jeune, aux cheveux crépus, son œil est flétri, il ressemble à 'Abd Al-'Uzza ibn Qutn. Celui d'entre vous qui le voit, qu'il récite les premiers versets de sourate La Caverne. Il apparaîtra sur un chemin entre la région du Shâm et l'Iraq, il ravagera tout, ô serviteurs d'Allah ! Soyez ferme !* –

Ô Messager d'Allah ! Combien de temps restera-t-il sur terre ? – *Quarante jours, un jour comme une année, un jour comme un mois, un jour comme une semaine, puis le reste de ces jours sera comme vos journées habituelles.* – Ô Messager d'Allah ! Quelle sera sa vitesse de progression sur terre ? –

Il ira aussi vite que la pluie poussée par le vent. Il viendra à un peuple à qui il prêchera, ils croiront en lui et le suivront. Il ordonnera au ciel de pleuvoir et à la terre de faire pousser ses richesses. Leurs troupeaux reviendront plus grands en taille, les mamelles remplies, et les flancs plus larges. Puis, il viendra à un

---

[45] Autrement dit : il l'a en même temps dénigré et vanté. Il l'a dénigré en évoquant sa petitesse face à Allah parce qu'il est borgne entre autre. Comme il l'a élevé en évoquant ses pouvoirs extraordinaires qu'Allah lui a conférés afin d'éprouver Ses serviteurs. Il a été dit également qu'il a baissé et levé la voix.

peuple qui refusera son appel, il s'en ira et ils seront atteints par la sécheresse et la pauvreté. Il passera près d'une ruine et lui ordonnera : « Fais jaillir tes trésors ! » *Ensuite, ses trésors le suivront comme les abeilles suivent leur reine. Il fera ensuite venir un jeune homme qu'il transpercera de son épée et coupera en deux. Puis il l'appellera et ce dernier se redressera le visage épanoui, le sourire aux lèvres. A ce moment, Allah enverra le Messie fils de Marie. Il descendra (du ciel) sur le minaret blanc à l'est de Damas, enveloppé de deux étoffes jaunes, les mains posées sur les ailes de deux anges. En baissant la tête, l'eau perlera sur son visage, et en la relevant, des gouttes comme des perles couleront. Tout infidèle succombera à son passage. Son souffle pourtant s'étend aussi loin que sa vue. Il se lancera à sa recherche et finira par le trouver à Bâb Lud où il le tuera. 'Isâ* (عليه السلام) *rejoindra un peuple qu'Allah aura épargné de son mal. Il passera sa main sur leur visage, et les informera de leur degré au Paradis. A ce moment, Allah révélera à 'Isâ : J'ai délivré certaines de Mes créatures que personne ne peut combattre. Réfugie mes serviteurs sur le mont Ṯûr. Allah libèrera Gog et Magog* **« ils dévaleront de toute part »**.[46]

Les premiers d'entre eux se désaltéreront dans le lac de Tibériade jusqu'à l'assécher. Quand les derniers arriveront, ils diront : il y avait de l'eau à cet endroit ! Le Prophète d'Allah 'Isâ prendra la fuite avec ses compagnons, le sommet d'une montagne sera plus cher à leurs yeux que cent dinars de votre monnaie d'aujourd'hui. Ils se réfugieront en un lieu sûr. Puis Allah enverra (sur Gog et Magog) des larves se fixant à leur cou. Ils mourront tous comme un seul homme. Ensuite, 'Isâ et ses compagnons descendront de leur refuge, mais il n'y aura pas un

[46] Sourate *Al-Anbiyah* v .96

empan de terre qui n'empeste de l'odeur nauséabonde de leurs dépouilles fétides, les forçant à se réfugier à nouveau dans les montagnes. A ce moment, le Seigneur enverra des oiseaux au cou large comme des chameaux. Ils emporteront leurs dépouilles et les jetteront où Allah voudra. Puis, Allah enverra une pluie qui n'épargnera ni tente (dans le désert) ni maison. La pluie nettoiera la terre et la laissera propre. Puis on dira à la terre : fais pousser tes fruits ! Et redonne de ton opulence ! A cette époque, une seule grenade suffira à un groupe de personnes qui pourront même se mettre à l'ombre de sa pelure. Allah bénira la fertilité (le lait) au point que la portée d'une chamelle comblera un peuple entier, que la portée d'une vache satisfera une tribu, et que la portée d'un mouton contentera un clan. A cet instant, Allah enverra un vent pur qui les saisira sous les aisselles, et prendra l'âme de tout croyant et musulman. Il ne restera sur terre que les pires des hommes faisant régner le chaos entre eux comme le tumulte des ânes (ils s'accoupleront sans pudeur en public comme des ânes). C'est sur eux que sonnera l'Heure. »[47]

Dans une autre version, après sa parole : « *il y avait de l'eau en cet endroit !* » Il ajouta : « *Ils feront route jusqu'à atteindre le mont Al-Khumr qui est le mont d'Al-Aqsa. Là, ils diront :* « Nous avons exterminé tous les gens de la terre, exterminons maintenant ceux qui sont aux cieux. » *Ils décocheront alors une flèche en direction du ciel, Allah la leur renverra couverte de sang.* »

Rapporté par At-Tirmidhî dans son *Jâmi'*, il a cité le jet de flèche de Gog et Magog à la suite du hadith et a ajouté : « *Ensuite, ils feront route jusqu'à atteindre le mont d'Al-Aqsa.*

---

[47] Rapporté par Muslim (2937).

Là ils diront : « Nous avons exterminé tous les gens de la terre, exterminons maintenant ceux qui sont aux cieux. » *Ils décocheront alors une flèche en direction du ciel, Allah la leur reverra rouge de sang. Ils assiégeront alors 'Isâ fils de Marie* (u)*... »*[48] Il faut noter, parmi les nuances, à la place de : « *Ils les emporteront et les jetteront où Allah voudra.* » Il est dit : « *ils les emporteront et les jetteront dans An-Nahbal* (l'océan) ». Il ajouta : « *Les musulmans, se serviront de leurs arcs et de leurs flèches comme combustible pendant sept années. Puis Allah leur enverra une pluie...* »

Dans une version autre que celle de At-Tirmidhî : « *ils vont les jeter dans le Mahil* », l'océan qui se trouve au soleil levant. Ibn Mâjah l'a également recensé dans son recueil *As Sunan,* tout comme Muslim, sans l'ajout présent chez Muslim dans la continuité du hadith, de même pour At-Tirmidhî dans le hadith de An-Nawwâs ibn Sam'ân. Il ne l'a cité que dans celui d'Abû Sa'îd Al-Khudrî (ﷺ) comme nous allons le voir. (Ibn Mâjah) l'a rapporté comme At-Tirmidhî et a dit :

D'après Hishâm ibn 'Ammâr, d'après Ya<u>h</u>ya ibn <u>H</u>amzah, d'après ibn Jâbir, d'après Ya<u>h</u>ya ibn Jâbir At-<u>Tâ</u>-î, d'après 'Abd Ar-Rahmân ibn Jubayr ibn Nufayr, d'après son père, ce dernier a entendu An-Nawwâs ibn Sam'ân (ﷺ) dire : le Messager d'Allah (ﷺ) a dit : *Les musulmans se serviront de leurs arcs, de leurs flèches, et de leurs boucliers comme combustible pendant sept ans. »*[49]

---

[48] Muslim a également rapporté ce supplément (2937).
[49] Rapporté par Ibn Mâjah (4076), ce hadith est *<u>s</u>a<u>h</u>î<u>h</u>*.

D'après 'Alî ibn Muhammad, d'après 'Abd Ar-Rahmân Al-Muhâribî, d'après Ismâ'îl ibn Râfi' Abû Râfi', d'après Abû 'Umar As-Shaybânî Zur'ah, d'après Abû Umâmah Al-Bâhilî (ﷺ) : « Le Messager d'Allah (ﷺ) nous a fait un sermon où la plupart de ses propos concernaient le *Dajjâl* afin de nous mettre en garde contre lui. Dans son discours, il a dit :

« *Il n'y a pas eu de tentation plus grande depuis qu'Allah a créé Adam, que celle du Dajjâl. Allah n'a pas envoyé de Prophète sans qu'il ne mette sa communauté en garde contre lui. Moi je suis le dernier des prophètes et vous êtes la dernière communauté. Il apparaîtra parmi vous. S'il apparaissait et que j'étais parmi vous, je m'en chargerais. Mais s'il venait après moi, chacun sera le garant de sa propre personne, et Allah s'en chargera après Moi.*

Il apparaîtra sur un chemin entre la région du Shâm et de l'Iraq, il dévastera tout, ô serviteurs d'Allah ! Tenez ferme ! Je vais vous le décrire comme aucun prophète ne l'a décrit avant moi. Au début, il dira : « Je suis le prophète d'Allah », *et il n'y a aucun prophète après moi. Ensuite, il poursuivra et dira :* « Je suis votre seigneur ! » *Alors que vous ne pourrez voir votre Seigneur avant de mourir. Il est borgne alors qu'Allah n'est pas borgne. Il est écrit mécréant (kâfir) entre ses yeux, tout croyant pourra le déchiffrer qu'il sache lire ou non. Parmi ses tentations : il aura avec lui un paradis et un enfer, son enfer est un Paradis, et son paradis est un Enfer. Si l'un d'entre vous venait à être éprouvé par son feu, il devra chercher refuge auprès d'Allah et réciter les premiers versets de sourate la Caverne [et ce feu sera pour lui douceur et salut comme il le fut pour Ibrâhim]. Il dira à un bédouin :* « Si je ressuscitais tes parents, reconnaîtrais-tu que je suis ton seigneur ? » *Il répondra :* « Oui. » *Deux démons prendront alors l'apparence de ses parents et lui diront :* « Ô mon fils ! Suis-le car il est ton seigneur ! » *Il s'emparera d'un être pour le tuer et le couper en deux à l'aide d'une scie. Après quoi il dira :*

« Regardez ma créature et comment je vais la ressusciter maintenant alors qu'il prétend avoir un seigneur autre que moi. » *Allah le fera revivre et le Dajjâl lui dira :* « Qui est ton seigneur ? » *Il répondra :* « Mon Seigneur est Allah et toi tu es l'ennemi d'Allah ! Tu es le Dajjâl ! Par Allah ! Jamais je n'ai eu autant de certitude qu'aujourd'hui à ton égard. »

Abûl-Hasan At-Tanâfusî a rapporté d'après 'Abdullah ibn Al-Walîd Ar-Rasâfî, d'après 'Atiyah, d'après Abû Sa'îd Al-Khudrî (ﷺ), le Messager d'Allah (ﷺ) a dit : « *Cet homme aura le plus haut rang de ma communauté au Paradis.* »

Abû Sa'îd commenta : Nous ne pensions pas que cela puisse être une autre personne que 'Umar ibn Al-Khattâb (ﷺ) jusqu'à sa mort.

Al-Muhâribî a dit : ensuite, nous sommes revenus au hadith d'Abû Râfi' : « *Parmi ses tentations est qu'il ordonnera au ciel de pleuvoir et à la terre de faire pousser ses richesses. Parmi ses tentations est qu'il viendra à un clan qui ne croira pas en lui et tout leur bétail mourra. Parmi ses tentations est qu'il viendra à un clan qui croira en lui, il ordonnera alors au ciel de pleuvoir et à la terre de faire pousser ses richesses au point que ce jour-là, leurs troupeaux deviendront plus gras qu'auparavant, les flancs plus larges et plus corpulents, et les mamelles plus pleines. Il n'y aura pas un endroit sur terre sans qu'il ne le foule et ne s'en empare, sauf Médine et la Mecque.*

Chaque fois qu'il cherchera à y pénétrer, un ange s'interposera l'épée dégainée. Il s'installera alors [à Dharib Al- Ahmar à la jonction de As-Sabkhah] (à la sortie de Médine). A ce moment, la terre tremblera trois fois faisant sortir à lui tout hypocrite et tout infidèle. (La ville) se purifiera de ses souillures comme le soufflet du forgeron épure le fer de ses déchets. Ce jour est le jour de la délivrance (épuration). »

Umm Shurayk bint Abû Al-'Askar dit : « Ô Messager d'Allah ! Où seront les Arabes à cette époque ? Il dit : « *Ils seront peu nombreux (la plupart seront à Al-Aqsa). Leur chef sera un homme vertueux qui présidera la prière de l'aube, lorsque 'Isâ fils de Marie descendra vers eux. L'imam reculera alors pour laisser la place au Prophète d'Allah. Mais ce dernier posera sa main sur son épaule en signe de refus en disant :* « Reste devant, c'est pour que tu la diriges qu'on a appelé à la prière. »

Il priera alors devant eux et lorsqu'elle sera accomplie, le Messie dira : « Ouvrez la porte ! » *La porte ouverte, ils découvriront derrière elle le Dajjâl entouré de soixante-dix mille juifs munis d'épées ornées de teck (grand bois d'Inde) et (d'autres) armes. Lorsque le Dajjâl le verra, il fondra comme le sel dans l'eau. (Il cherchera à s'enfuir, mais 'Isâ* (u) *lui dira :* « Je dois encore te porter un coup auquel tu ne peux échapper. » *Il le rattrapera à la porte orientale de Lud où il lui assènera un coup fatal. Ensuite, Allah mettra en déroute Ses ennemis et Il donnera la parole à toute chose derrière laquelle ils se cachent, que ce soit une pierre, un arbre, un mur ou une bête, sauf le Gharqada qui est un de leurs arbres et qui ne dira rien, sinon tous les autres diront :* « Ô serviteur d'Allah ! Ô musulman ! Il y a un ennemi (caché derrière-moi) ! Viens le tuer ! »

Le Messager d'Allah (ﷺ) a dit : « *La durée (de son séjour sur terre) sera de quarante ans. Une année comme la moitié d'une année, une année comme un mois, un mois comme une semaine, et les jours restants passeront comme une étincelle, l'un d'entre vous sera le matin d'un côté de Médine et n'arrivera pas à l'autre bout de la ville avant le soir.* » On demanda : « Ô Messager d'Allah ! Comment devrons-nous prier en ces jours ? » Il dit : « *Vous devrez évaluer les (temps de) prière comme vous le faites pour les jours longs, ensuite priez.* »

Le Messager d'Allah (ﷺ) a dit :

« *'Isâ (ﷺ) sera au sein de ma communauté, un sage, un juste, et un chef équitable. Il brisera la croix et égorgera le porc. Il abolira l'impôt de soumissions (jizyah) et maintiendra l'aumône, ni brebis ni chameau ne seront plus convoités.*

Les querelles et la haine seront effacées. Les venins seront retirés de tout animal venimeux de sorte qu'un enfant posera sa main sur un serpent sans aucun danger. Une enfant fera fuir un lion sans aucun danger. Le loup se promènera au cœur des moutons comme un chien de troupeau. La terre sera remplie de paix comme un vase rempli l'eau. Les gens seront unis et seul Allah sera adoré. La guerre déposera les armes et Quraysh sera dépossédé de son pouvoir. La terre sera comme une table en argent, elle fera pousser des richesses de l'époque d'Adam au point qu'une seule grappe de raisin suffira à rassasier un groupe de gens, de même qu'ils apaiseront leur faim autour d'une seule grenade. Le taureau vaudra beaucoup d'argent et le cheval se vendra pour une poignée de dirhams. [– Ô Messager d'Allah ! pourquoi le cheval sera-t-il si peu cher ? – *Il ne sera plus jamais utilisé pour la guerre.* – Ô Messager d'Allah ! Et pourquoi le taureau sera-t-il si cher ? – *Il labourera la terre entière.] Avant qu'il n'apparaisse, il y aura trois années de famine où les gens seront éprouvés par la faim extrême. Allah ordonnera au ciel de retenir la première année le tiers des pluies et la terre le tiers de ses cultures. La deuxième année, Il ordonnera au ciel de retenir les deux tiers de ses pluies, et la terre les deux tiers de ses cultures. La troisième année, il ordonnera au ciel de retenir toutes ses eaux de sorte qu'il ne tombera pas une goûte de pluie, et la terre de retenir toute sa végétation de sorte que tout animal à dents et à sabots mourra sauf ce qu'Allah voudra.* – De quoi les gens vivront-ils à cette époque ? – *De glorification et de louange (en disant : il n'y a aucune divinité digne d'adoration en dehors d'Allah ! Allah est le Plus Grand ! Gloire à Allah ! Louange à Allah !) Cela remplacera leur nourriture.* »[50]

Ibn Mâjah a rapporté : j'ai entendu dire Abû Al-Hasan At-Tanâfusî dire : j'ai entendu dire 'Abd Ar-Rahmân Al-Muhâribî dire : « Ce hadith doit absolument être transmis aux enseignants afin qu'ils l'enseignent aux enfants. »

Dans le hadith d'Asmâ bint Yazîd Al-Ansariyah, les compagnons ont demandé : « Ô Messager d'Allah ! Tu as évoqué le *Dajjâl*. Par Allah ! Quand l'un d'entre nous pétri son pain, la pâte n'est pas encore cuite qu'il craint déjà les épreuves ! Et toi, tu nous apprends que la nourriture sera sous sa gérance ! – *A cette époque, suffira au croyant, ce qui suffit aux anges.* – Mais les anges ne mangent et ne boivent pas ! Ils glorifient uniquement Allah. – *A cette*

---

[50] Ce hadith est bon en considération des autres hadiths qui confirment son sens si l'on se réfère aux analyses de Shaykh Al-Albânî, à l'exception des propos entre parenthèses dépourvus de tout fondement, ils restent faibles. Rapporté par Ibn Mâjah (4077).

époque, la nourriture du croyant sera de glorifier Allah ! »[51]

'Abd Ar-Razzâq a mentionné, d'après Ma'mar, d'après Qatâda, d'après Shahr ibn Hawshab, d'après Asmâ bint Yazîd Al-Ansariyah, le Messager d'Allah (ﷺ) parla du *Dajjâl* chez moi et dit : « *Avant qu'il n'apparaisse, viendront trois années consécutives où le ciel retiendra la première année le tiers de ses pluies et la terre le tiers des ses cultures. La deuxième année, le ciel retiendra les deux tiers de ses pluies, et la terre les deux tiers de ses cultures. La troisième année, le ciel retiendra toutes ses pluies, et la terre toutes ses cultures de sorte que tout animal à dents et à sabots mourra. Parmi ses pires tentations est qu'il se présentera à un bédouin à qui il dira :* « Si je faisais revivre ta chamelle, me reconnaîtrais-tu comme ton Seigneur ? » Il répondra : « Bien sur ! » *Alors, un de ses démons prendra la forme de sa chamelle, sous sa plus belle image, pleine de lait et grasse. Il se présentera à un individu dont le frère et le père sont morts et lui dira :* « Si je ressuscitais ton frère et ton père, me reconnaîtrais-tu comme ton Seigneur ? » *L'homme répondra :* « Bien sur ! » *Un démon prendra alors l'apparence de son frère et de son père.* »

Le Messager d'Allah (ﷺ) est alors sorti pour vaquer à ses affaires. A son retour, il trouva les gens soucieux et angoissés, sous l'effet de ses paroles. Je pris la porte par ses deux battants et il me dit : « Ô *Asmâ ! Que se passe-t-il ?* – Ô Messager d'Allah ! Tu nous as arraché le cœur en parlant du *Dajjâl* ! – *S'il apparaissait de mon vivant affirma-t-il, je m'en*

[51] Voir le hadith suivant.

chargerais, sinon Allah me succèdera auprès de tout croyant. – Ô Messager d'Allah ! Quand nous pétrissons le pain, la pâte n'est pas encore cuite que nous avons déjà faim ! Comment feront les croyants en ces jours ! –*Leur suffira ce qui suffit aux habitants du ciel comme glorification et louange.* »[52]

[52] Rapporté par Ahmad (455/6), ce hadith est *h̲asan*.

Le retour de 'Isâ (عليه السلام) sur terre

Muslim rapporte d'après Abû Hurayrah (ﷺ) que le Messager d'Allah (ﷺ) a dit : « *Le fils de Marie va descendre pour juger en toute équité. Il brisera la croix et tuera le porc. Il abolira l'impôt de capitulation (jizyah) et maintiendra Al-Qulâs (l'aumône), qui ne sera convoitée par personne. Il n'y aura plus ni querelle ni haine ni de jalousie. Il invitera les gens à prendre de l'argent et personne n'acceptera.* »[53]

Il rapporte également que le Messager d'Allah (ﷺ) a dit : « *Comment serez-vous lorsque 'Isâ fils de Marie descendra parmi vous et que votre imam sera l'un des vôtres.* » Dans une version : « *et que vous aurez vos lois.* » Ibn Abî Dhi'b interrogea : « Sais-tu ce que cela signifie ? » Je répondis : « Informe-moi. ». Il dit : « Il va vous gouverner par le Livre de Votre Seigneur et la sunna de votre Prophète (ﷺ). »

---

[53] Rapporté par Muslim (150). Abolir la *jizya* : autrement dit, il va la refuser des catégories de personnes qu'elle concerne, les juifs et les chrétiens. Tandis que les autres catégories de mécréants, ceux pour qui elle était imposée, ne rentreront pas dans le cadre de cette abolition, ils n'auront d'autre alternative que la conversion ou la guerre. *Al-Qulâs* : pluriel de *Qalûs* est le nom de la chamelle endurante. Ce signifie que les responsables de la distribution l'aumône ne chercheront pas à la distribuer compte tenu de l'abondance des richesses et de l'absence de pauvres.

Le Prophète (ﷺ) a dit : « *Par Celui qui détient mon âme entre Ses Mains ! Le fils de Marie se mettra en état de sacralisation à partir du col de Rawhâ pour entreprendre le grand ou le petit pèlerinage ou les deux.* »[54]

Le Messager d'Allah (ﷺ) a annoncé : « *Le Messie fils de Marie va rencontrer des gens de ma communauté aussi bon que vous, voire meilleurs que vous.* »[55] Il l'aurait dit trois fois comme l'a rappelé Ibn Barjân dans son livre *Al-Irshâd*.

On rapporte d'après Abû Hurayrah (ﷺ) que le Messager d'Allah (ﷺ) a dit : « *'Isâ fils de Marie descendra parmi huit cents hommes et quatre cents femmes qui seront les meilleurs êtres sur terre à cette époque, comparables aux vertueux avant eux.* »

'Abdallah ibn 'Amr (ﷺ) rapporte que le Messager d'Allah (ﷺ) a dit : « *Quand 'Isâ fils de Marie descendra, il se mariera, aura un enfant, et restera quarante cinq ans sur terre. Il sera enterré avec moi dans ma tombe. Nous serons ressuscités lui et moi du même tombeau entre Abû Bakr et 'Umar.* »

Il est dit aussi : il se mariera avec une femme parmi les Arabes après avoir tuer le *Dajjâl*, qui lui donnera une fille qui mourra et il décèdera deux ans après elle, comme l'a rapporté Abû Al-Layth As-Samarqandî. Cependant, Ka'b a eu un avis contraire en précisant qu'il aura deux garçons comme nous allons le voir.

Selon Abû Hurayrah (ﷺ), le Messager d'Allah (r) a dit : « *'Isâ (ﷺ) restera quarante ans sur terre après son retour.*

---

54 Rapporté par Muslim (1252).
55 Ce hadith est faible. Voir *Dha'îf Al-Jâmi'* (3875) de Shaykh Albânî.

Ensuite, il mourra, les musulmans prieront sur lui et l'enterreront. »[56]

Abû Dâwud At-Tiyâlisî l'a rapporté dans son *Musnad,* d'après Hishâm, d'après Qatâda, selon 'Abd Ar-Rahmân ibn Adam, d'après Abû Hurayrah.

Selon Abû Hurayrah (ﷺ), le Messager d'Allah (ﷺ) a dit : « *Les Prophètes sont frères, de mères différentes mais leur religion est unique. Je suis le plus en droit de me réclamer de 'Isâ fils de Marie car il n'y a eu aucun prophète entre nous. Si vous le voyez, reconnaissez-le (à ces signes) : c'est un homme bien proportionné (ni grand ni petit), son teint est entre le rouge et le blanc. On a l'impression que des gouttes coulent sur son visage bien que ses cheveux ne soient pas mouillés. Il tuera le porc et brisera la croix et l'argent affluera. A son époque, à part l'Islam, toutes les religions auront succombé. Allah anéantira le Messie des ténèbres, le Borgne, le Menteur ! La paix régnera sur terre, le lion va paître avec les chameaux, le tigre avec les vaches, le loup avec les moutons. Les enfants s'amuseront avec les serpents sans craindre le moindre mal. Il restera quarante ans sur terre avant de mourir. Les musulmans prieront ensuite sur lui et l'enterreront.* »[57]

Dans d'autres versions, il est dit : « *il restera vingt quatre ans.* »

Dans le hadith d'Ibn 'Umar (ﷺ):

« *Ensuite, les hommes resteront ainsi sept ans durant lesquels*

---

[56] Rapporté par At-Tiyâlisî dans son *Musnad* (2541). Ce hadith est *hasan*.

[57] Rapporté par Al-Bukhârî (3443), et Muslim (2365).

il n'y aura pas la moindre animosité entre les gens. Puis, Allah fera venir un vent frais du Shâm. » Muslim l'a rapporté dans son intégralité, comme il a précédé. Ce texte constitue un argument démontrant qu'il restera sept ans sur terre[58]. Et Allah est plus savant !

Ka'b Al-Ahbâr a dit : « 'Isâ (ﷺ) restera quarante ans sur terre et à travers lui le bien se répandra. La bénédiction descendra sur les richesses : un raisin rassasiera un homme ou plus, une grappe rassasiera un groupe de gens nombreux. La grenade fera le poids d'un chameau. Cela sera si impressionnant que les vivants vont interpeller les morts en disant : « Lève-toi ! Et contemple cette bénédiction qu'Allah a descendue! »

'Isâ (ﷺ) épousera une fille de la famille d'untel qui lui donnera deux garçons, il nommera l'un Muhammad et l'autre Mûsâ (Moïse). Les gens vivront dans le bien dans les temps les meilleurs qui dureront quarante ans. Ensuite, Allah reprendra l'âme de Son serviteur qui gouttera à la mort. Il sera enterré aux côtés du Prophète (ﷺ) dans l'appartement (de 'Aishah). Les meilleurs de cette communauté mourront et ne resteront que les pires d'entre eux et les croyants seront peu nombreux conformément à sa parole : « *L'islam est venu étranger et reviendra étranger comme il a commencé.* »[59]

---

[58] Après son retour, donc quarante ans en tout, car Allah l'a élevé vers lui à l'âge de 33 ans [NdT].

[59] Rapporté par Muslim (145).

Il est aussi dit qu'il sera enterré en Terre Sainte, là où sont enterrés les Prophètes.

Certaines personnes prétendent qu'à la venue de 'Isâ (ﷺ), les contraintes religieuses (les obligations et interdictions) seront levées. Sinon, il serait un nouveau messager pour les gens de cette époque. Les textes que nous avons évoqués précédemment réfutent d'emblée cette hypothèse,comme la Parole d'Allah (à propos de Muhammad) : « ***et le sceau des Prophètes*** », et le hadith : « *Pas de Prophète après moi.* » Le Prophète (ﷺ) a également dit : « *Je suis le dernier ('âqib).* », c'est-à-dire le dernier et le sceau des Prophètes. Ainsi, il n'est pas permis d'imaginer que 'Isâ (ﷺ) puisse revenir en tant que Prophète avec une Législation autre que celle de notre Prophète Muhammad (ﷺ). Au contraire, à son retour, il suivra Muhammad, conformément à ses propos lorsqu'il s'est adressé à 'Umar : « *Si Moïse était vivant, il n'aurait d'autre choix que de me suivre.* »[60]

Abû Zubayr rapporte : J'ai entendu Jâbir ibn 'Abd Allah (ﷺ) dire : j'ai entendu le Prophète (ﷺ) dire : « *Il ne cessera d'y avoir une partie de ma communauté combattant sur la vérité jusqu'au Jour de la Résurrection. Quand 'Isâ fils de Marie descendra sur terre, l'imam des musulmans lui dira :* « Préside la prière ! » *Il répondra :* « Non ! Allah a honoré cette communauté en faisant de certains d'entre vous des émirs

---

[60] Rapporté par Ahmad (338/3), Ibn Abî Shaybah (313/5), et Abû Ya'lâ (2135). Ce hadith est *hasan* si l'on tient compte des hadiths qui en confirment le sens.

pour les autres. »[61] Rapporté par Muslim et d'autres.

Il va donc reconnaître cette Législation et la revivifier, elle est la dernière révélation, et Muhammad (ﷺ) est le dernier des Messagers. Il sera un juge sage et équitable. En tant que gouverneur, c'est lui qui à cette époque détiendra l'autorité sur les musulmans, mais il ne sera ni imam ni juge ni mufti. Allah ayant ôté ses fonctions dont les hommes seront dépourvues.

Il reviendra en ayant appris au ciel l'Ordre d'Allah dont il aura besoin comme Législation afin de l'appliquer pour les hommes et pour lui-même. Les croyants se rassembleront autour de lui et le placeront à leur tête étant donné que nul autre que lui ne sera à même de remplir cette noble fonction. Il est en effet interdit d'abolir la Loi. De plus, la pérennité de ce monde n'est due qu'au fait que les lois d'Allah sont appliquées, jusqu'à ce que l'on ne dise plus sur terre que : « Allah ! Allah ! » Et cela est clair.

Et si l'on se demande quelle est alors la sagesse de son retour à ce moment ? Nous pouvons y répondre en trois points :

Premièrement : Cette sagesse peut être comprise dans le sens où les juifs ont conspiré contre lui et ont cherché à le tuer et le crucifier. Allah a d'ailleurs relaté cette histoire dans Son Livre, et ils prétendent toujours qu'ils l'ont tué et l'accusent de sorcellerie et d'autres choses encore dont Allah l'a disculpé et innocenté.

---

[61] Rapporté par Muslim.

Allah les a frappés d'avilissement, c'est pourquoi, depuis l'avènement de l'islam, ils n'ont plus jamais brandit d'étendard. Ils n'ont plus sur terre une quelconque autorité ni aucune force ou domination.

Ils resteront ainsi jusqu'à la fin des temps et l'apparition du *Dajjâl,* lui qui est pourtant le pire des sorciers, ils lui feront allégeance et composeront son armée dans l'espoir de se venger, à travers lui, des musulmans. A ce moment, Allah fera descendre celui qu'ils ont juré avoir tué. Il le leur montrera, à eux et à tout hypocrite ou opposant pour leur prouver qu'il est bel et bien vivant. Il l'aidera à vaincre leur meneur et leur chef qui prétendra la Seigneurie. Il le tuera et mettra son armée en déroute avec l'aide de ses soldats croyants. Ils n'auront ce jour-là, plus aucun échappatoire fussent-ils cachés derrière un rocher, un arbre ou encore un mur, les choses crieront : « Ô Esprit d'Allah ! Par ici ! Il y a un ennemi (caché derrière moi)! » Sous le joug de l'épée, il sera sommé de se convertir ou de mourir. De même pour tous les mécréants, jusqu'à ce qu'il ne reste plus aucun mécréant à la surface de la terre.

Deuxièmement : On peut aussi en tirer comme sagesse que 'Isâ (ﷺ) doive revenir sur terre car sa mort est proche et pas spécialement pour tuer le *Dajjâl.* Car il n'est pas permis à une créature formée de terre de mourir au ciel. Il est donc soumis à cette Loi Universelle : ***« d'elle, Nous vous avons créé, en elle, Nous vous ferons revenir, et d'elle Nous vous ferons à nouveau sortir. »***[62] Par conséquent, Allah le

---

[62] Sourate *Ta-Ha* v.55

fera redescendre pour qu'il soit inhumé dans la terre, et il restera un temps afin que ceux qui s'en approchent le voient et l'entendent. A sa mort, les musulmans prendront en charge ses funérailles, ils prieront sur lui et l'inhumeront là où sont ensevelis les Prophètes de la lignée de sa mère Marie : la Terre Sainte de Palestine. Il en sortira en leur compagnie au Jour de la Résurrection.

Voilà donc la raison de son retour sur terre, et cela coïncidera avec sa rencontre avec le *Dajjâl* à *Bâb Lud* comme cela a été rapporté. Cette rencontre aura lieu alors que le *Dajjâl* prétendra la Seigneurie, et aucun croyant ne pourra le tuer. C'est pourquoi c'est à 'Isâ (عليه السلام), qu'Allah a choisi pour transmettre Son Message, à qui Il révéla Son Livre, et qui a fait de sa mère et de lui-même un signe pour l'humanité, que reviendra la tâche de tuer le *Dajjâl*. De ce point de vue, il n'est pas descendu exclusivement pour tuer le *Dajjâl*.

Troisièmement : Il est fait référence dans l'Evangile aux vertus de la communauté de Muhammad comme nous le révèle le verset suivant : « ***Tel est leur description dans la Thora et dans l'Evangile*** ».[63] 'Isâ (عليه السلام) a invoqué Allah afin qu'Il fasse partie des membres de la communauté (de Muhammad). Allah a répondu à cette invocation, Il l'a élevé au ciel pour le faire redescendre à la fin des temps afin qu'il revivifie les préceptes délaissés de la religion musulmane, la religion de Muhammad, et cela coïncidera avec l'apparition du *Dajjâl*, qu'il tuera.

---

[63] Sourate *Al-Fath* v.29

On peut aussi penser que le fait qu'il tue le *Dajjâl* entre dans le cadre du *jihâd* obligatoire à tous les membres de la communauté dont fait nouvellement partie 'Isâ (عليه السلام), face à l'envahisseur ennemi qui a pour vocation de séduire tous les hommes. En se soumettant à cette obligation qui concerne tous les membres de la religion de Muhammad, il ne sort pas du cadre sa Loi. Et la réussite vient d'Allah.

Le lieu de son enterrement est sujet à controverse : parmi toutes les opinions, on a mentionné la Palestine comme l'a dit Al-Hulaymî. Il a été avancé également Médine comme nous l'avons rapporté.

Divergences sur l'origine du terme Messie

Al-Hâfidh Abû Al-Hattâb ibn Dihyah a dénombré vingt-trois avis sur l'origine du terme Messie dans son Encyclopédie : *Majma' Al-Bahrayn,* dans lequel il dit : « Je n'ai jamais vu personne l'avoir fait avant moi, parmi ceux qui voyagent, circulent, et rencontrent les hommes ». Ces avis sont :

1_ Messie (*Masîh*) vient de *Masyih* construit sur la racine *Maf'il* avec la non vocalisation du *sin* (س). Ensuite, la vocalisation a été transmutée du *Ya* au *sin* pour simplifier la prononciation.

2_ Ibn 'Abbâs (ﷺ) a dit : « Il ne posait pas sa main (en arabe : *Masaha*) sur un malade ou un infirme sans le guérir ni sur un mort sans qu'il ne revive. » Dans ce cas, c'est un nom sujet (*fâ'il,* ou participe actif) dans le sens de *Mâsih* : celui qui passe sa main.

3_ Ibrahim An-Nakhâ'î ainsi que Al-Asmâ'î et ibn Al-'Arabî ont dit *Masîh* signifiait le Véridique (*Sadîq*).

4_ Abû 'Ubayd a dit : « Je pense que l'origine de ce mot est *Hâ Mâ Shîhâ* avec un *shîn* (ش). Puis, en s'arabisant, il serait devenu *masiyya* comme le prononce les Juifs. »

5_ 'Atâ rapporte qu'Ibn 'Abbâs (ﷺ) a dit : « Il fut appelé

Masîh en raison de ses pieds plats. » Autrement dit, il n'a pas de creux sous la plante des pieds. C'est à dire que cet endroit ne doit normalement pas avoir de contact avec le sol. S'il manque ce creux chez une personne, on dit d'elle qu'elle est *Rahâ* (qu'elle a les pieds plats).

6_ Il fut appelé *Masîh* ainsi pour être sorti du ventre de sa mère le corps oint d'une huile. (*Masaha* aussi signifiant oindre).

7_ Il fut nommé ainsi pour avoir reçu une onction d'huile à sa naissance.

8_ L'imam Abû Ishâq Al-Jawânî a dit dans son œuvre *Al-Gharîb Al-Kabîr* : « Ce nom lui a été attribué spécifiquement par Allah ou bien suite à l'onction que lui a fait Zakariyâ. »

9_ Il fut appelé ainsi en raison de la beauté de son visage. En effet, étymologiquement *Masîh* désigne celui qui a un beau visage. On dit d'un visage qu'il a une *Mashah* lorsqu'il dégage beauté et charme. C'est dans ce sens qu'a été rapporté le hadith *dha'îf* : « *Viendra à vous de cette direction une personne prospère portant sur son visage les marques (Mashah) de la royauté.* »

10_ Le terme *Masîh* désigne aussi dans la langue l'éclat de l'argent. Ainsi était-il physiquement : blanc virant un peu sur le rouge, du plus beau teint qui soit, poitrine large et robuste dans le sens où son corps est compact et ramassé.

11_ *Masîh* désigne également la sueur du cheval. Les linguistes disent en vers :

Les étalons ont suinté de Masîh

C'est à dire qu'ils ont sué.

12_ *Masîh* porte également le sens du coït : il l'a effleuré *Masahahâ* s'il a eut des rapports sexuels avec elle, ainsi que l'a rapporté Ibn Fâris dans *Al-Mujmal*.

13_ *Masîh* désigne aussi l'épée comme l'a signalé Abû 'Amr Al-Muttariz.

14_ *Masîh* désigne également le muletier, le chamelier, le caravanier.

15_ *Masîh* est aussi celui qui parcourt de longues distances sur terre, comme l'a dit le grand linguiste Abû Al-'Abbâs Ahmad ibn Yahyâ ibn Tha'lab. C'est pourquoi, 'Isâ (u) fut surnommé *Masîh*. On le retrouve dans le Shâm, en Egypte, sur les côtes maritimes à *Al-Muhâmah* et *Al-Qaffâr*. De même pour le *Dajjâl* qui fut appelé le Faux Messie, tous deux en raison de leurs parcours sur terre.

16_ Il rapporte avec une chaîne de transmission remontant jusqu'à Abû Al-Hasan Al- Qâbisî qui a interrogé le grand lecteur du Coran, Al-Hâfizh Abû 'Amr Ad-Dânî : « Comment lit-on le faux messie *Masih* ? » Il dit : « Comme pour le fils de Marie car celui-ci a été enveloppé (recouvert dans le sens de oint) par la bénédiction tandis que pour le *Dajjâl*, son œil a été recouvert (enveloppé ou effacé). »

Abû Al-Hasan a commenté : « Certains le lisent *Missîh*, et c'est une manière de le dire, quant à moi je prononce de la manière que je t'ai rapportée. »

Ibn Dihyah a dit : « Al-Azharî a rapporté que l'on prononçait *Massîh* en redoublant le *Sin* pour le différencier du Messie fils de Marie. Ensuite, il a fait rapporté de son maître Abû Al-Qâsim Ibn Bashkawâl, d'après Abû 'Imrân ibn 'Abd Ar-Rahmân qui rapporte avoir entendu Al-Hâfizh Abû 'Umar ibn 'Abd Al-Barr dire : « Certains l'ont lu avec un *Kha* donnant *Masîkh* (monstrueux, difforme). Mais aux yeux des gens de science, c'est une grossière erreur, il n'y a aucune différence entre les deux prononciations. Il a été authentifié que le Messager d'Allah prononçait *Masîh,* et c'est sous cette forme que les Compagnons nous l'ont transmis. »

A ce propos, les linguistes répètent ces vers de 'Abdullah ibn Qays Ar-Raqiyât :

Ils m'ont dit Laisse Ruqyah et éloigne-toi d'elle
Je leur ai répondu (je ne la laisserai) que lorsque apparaîtra le Masîh

C'est-à-dire l'apparition du *Dajjâl,* conformément à leurs commentaires, c'est pourquoi nous l'avons rappelé.

Ar-Râjiz a dit :

Quand le Masîh tuera le Masîh

C'est-à-dire lorsque 'Isâ fils de Marie (u) tuera le *Dajjâl* à Nabzik. Je l'ai lu dans le premier volume de *Sharh Alfâzh Al-Gharîb min As-Sahîh* de son auteur le juge, l'imam, le mufti Abû Al-Asbagh ibn Sahl.

17_ Le *Dajjâl* fut appelé *Masîh* car le terme désigne aussi celui qui n'a ni œil ni sourcil. Ibn Fâris a dit : « Le (faux) Messie a un côté du visage effacé ou essuyé ; il n'a ni œil ni sourcil. C'est pourquoi, le *Dajjâl* fut appelé ainsi. » Puis, il attribué cela à Hudhayfah qui rapporte que le Prophète (ﷺ)

a dit : « *L'œil du Dajjâl est (fermé) effacé, il est recouvert d'une membrane épaisse.*»[64] Rapporté par Muslim.

18_ *Masîh* est aussi le menteur, et cela est spécifique au *Dajjâl*. Il va en effet mentir en prétendant être Allah, ce qui est un mensonge à l'humanité. C'est pourquoi Allah l'a dénigré et l'a couvert d'opprobre.

19_ Ibn Fâris rapporte que Masîh désigne aussi le fourbe et le malin, de la racine *Tamsîh* (menteur, imposteur). On dit donc qu'il est le Menteur (*kadhâb*) en usant aussi le terme *Timsâh*.

20_ Le *Dajjâl* est appelé *Masîh* en raison de ses déplacements. La différence avec le point 15 est qu'ici le déplacement est plus précis, il désigne son parcours sur la terre entière en quarante jours, à l'exception de Médine et de la Mecque.

21_ *Masîh* est également une pièce de monnaie lisse non gravée ou effacée comme nous l'apprend ibn Fâris. Cela correspond exactement aux caractéristiques du *Dajjâl* étant donné qu'une partie de son visage est comme effacée, cette déformation en fait un des hommes les plus laids.

22_ Al-Hâfizh Abû Na'îm dit dans *Dalâ-il An-Nubuwah* que le Messie fils de Marie a été appelé ainsi car ses péchés ont été effacés.

---

[64] Rapporté par Muslim (2934).

23_ Al-Hâfizh Abû Na'îm rapporte dans ce même livre : « On dit que 'Isâ (عليه السلام) fut nommé ainsi pour avoir reçu l'onction bénite de la part de Jibrîl (Gabriel) comme le stipule le verset : ***« et m'a béni où que je sois »***[65]

[65] Sourate *Maryam* v.31

Les apôtres de 'Isâ (ﷺ) à son retour seront les gens de la caverne, ils feront le pèlerinage avec lui

Ismâ'îl ibn Is<u>h</u>âq rapporte d'après ibn Abû Aways, d'après Kathîr ibn 'Abd Allah ibn 'Awf, d'après son père, d'après son grand-père qui dit : « Nous sommes partis en expédition avec le Prophète (ﷺ)... (nous avons vu ce hadith précédemment) , qui dit entre autre : « *L'Heure ne viendra pas avant que 'Isâ fils de Marie (ﷺ), Messager d'Allah ne descende sur terre faire le grand ou le petit pèlerinage ou qu'Allah ne lui accorde les deux..* »[66]

Kathîr a commenté : j'ai rapporté ce hadith à Muhammad ibn Ka'b Al-Qurazh<u>î</u> qui m'a dit : « Veux-tu que je t'informe au sujet de ce hadith ? » Je répondis : « Bien sur ! » Il me dit : « Un homme ayant lu la Thora et l'Evangile s'est converti et est devenu un bon musulman. Une fois, il a entendu ce hadith et a dit : « Voulez-vous que je vous annonce une bonne nouvelle au sujet de ce hadith ? » Les gens dirent : « Bien sur ! » Il dit : « Je témoigne qu'il est écrit noir sur blanc dans la Thora révélée par Allah a Moïse.

---

[66] Rapporté par At-Tabarânî dans *Al-Kabîr* (16/17), et Al-Haythamî (68/6) avec une chaîne de rapporteurs *<u>dh</u>a'îf*. Toutefois, ce hadith a une origine chez Muslim, Abû Hurayra rapporte que le Messager d'Allah (r) a dit : « *Par Celui qui détient mon âme entre Ses Mains ! Le fils de Marie se mettra en état de sacralisation à partir du col de Raw<u>hâ</u> afin d'accomplir le grand ou le petit pèlerinage ou les deux.* »

Il est même écrit dans l'Evangile révélé par Allah à 'Isâ fils de Marie (ﷺ), serviteur et Messager d'Allah. Il passera par *Rawhâ* faire le grand ou le petit pèlerinage ou alors Allah lui accordera les deux. Allah, lui donnera comme apôtres les gens de la Caverne et *Raqîm*. Ils accompliront le Hajj et la *'Umra* car ils ne les ont jamais accomplis. »[67]

[67] Cette histoire fait partie des *Isrâ'iliyât* (les récits rapportés par les gens du Livre) qu'il ne faut ni croire ni démentir.

'Isâ (ﷺ) trouvera à son retour des apôtres dans la communauté de Muhammad

At-Tirmidhî Al-Hakîm Abû 'Abdallah a cité dans *Nawâdir Al-Usûl,* au cent vingt-troisième fondement : « Al-Fadhl ibn Muhammad Al-Wasitî nous a rapportés d'après Ibrahim ibn Al-Walîd Ad-Dimashqî, d'après son père, d'après 'Abd Al-Mâlik ibn 'Uqbah Al-Ifrîqî, d'après Abû Yûnas l'esclave d'Abû Hurayrah, d'après 'Abd Ar-Rahmân ibn Samurah, que Khâlid ibn Al-Walîd (ﷺ) m'a chargé d'annoncer au Messager d'Allah (ﷺ) la victoire à la bataille de *Mu-tah.* Quand je me suis introduit auprès de lui, je dis : « Ô Messager d'Allah ! » il m'arrêta et dit : « *Doucement ! 'Abd Ar-Rahmân ! Zayd ibn Haritha a pris l'étendard et a combattu jusqu'à tomber sur le champ de bataille, qu'Allah lui fasse miséricorde. Puis, Ja'far a pris la relève en combattant jusqu'à la mort, qu'Allah fasse miséricorde à Ja'far. Puis, 'Abdallah ibn Rawâhah s'est saisi de l'étendard et a combattu jusqu'à mourir, qu'Allah fasse miséricorde à 'Abdallah ibn Rawâhah. Ensuite, Khâlid ibn Al-Walîd a pris l'étendard, et Allah lui a donné la victoire. Khâlid est une des épées d'Allah.* » Les Compagnons autour de lui se mirent à pleurer : Il leur dit : « *Qu'est-ce qui vous fait pleurer ?* » Ils répondirent : « Comment ne pas pleurer alors que l'élite parmi nous, les meilleurs d'entre nous et les plus nobles sont morts ! »

Il dit : « *Ne pleurez pas, ma communauté est comme un enclos dont le propriétaire à pris soin en sélectionnant les épis, en semant les graines, et en coupant les branches. Une année, il a nourri un groupe, et une année un autre groupe. Il se peut que la dernière à avoir été nourrie soit de plus grosse taille, et ait de plus grands rameaux. Par celui qui m'a envoyé en toute vérité ! Le fils de Marie trouvera dans ma communauté des hommes parmi ses apôtres.* »[68]

'Alî ibn Sa'îd ibn Marzuq Al-Kindî rapporte d'après 'Isâ ibn Yûnas, d'après Safwân ibn 'Amr As-Saksakî, d'après 'Abd Ar-Rahmân ibn Husayn, que Jubayr ibn Nufayr Al-Hadharî a dit : « Quand la douleur des Compagnons grandit suite à la nouvelle des pertes occasionnées à la bataille de *Mu*-tah avec à leur tête Zayd ibn Harithah, le Messager d'Allah (ﷺ) dit : « *Le Messie rencontrera des gens de cette communauté qui sont comme vous si ce n'est meilleurs que vous (en le répétant trois fois). Allah n'humiliera pas une communauté dont je suis le premier et 'Isâ le dernier.* »[69] Et Allah est plus savant !

---

68 Voir *Nawâdir Al-Usûl* (93/2).

69 Rapporté par Ibn Abî Shaybah dans *Al-Musannaf* (206/4) avec une chaîne de transmission *dha'îf* ; ce hadith est *Mursal.* (Ce sont les hadiths qu'un *tabi'i* transmet ou attribue directement au Prophète sans citer le compagnon. Du fait de cette rupture, ils sont considérés faibles à l'exception des transmissions de certains comme Al-Hasan Al-Basrî, célèbre dans ce domaine.) [NdT].

Le *Dajjâl* ne peut causer de tort à un musulman

Al-Bazzâr rapporte d'après Hudhayfah (ﷺ) : « Nous étions chez le Messager d'Allah (ﷺ) quand celui-ci a évoqué le *Dajjâl* en ces termes : « *Je crains plus les tentations (troubles) entre vous que la tentation du Dajjâl. Aucune épreuve grande ou petite n'est comparable à la sienne. Celui qui est préservé des épreuves avant la sienne, en sera préservé. Par Allah ! Il ne causera aucun tort à un musulman ! Il est écrit mécréant (kâfir) entre ses yeux.* »[70]

Si l'on demande : Comment se fait-il qu'il ait dit : « *Il ne causera aucun tort à un musulman !* » alors qu'il tuera cet homme sorti de Médine pour le rencontrer ? Il le coupera en deux à l'aide d'une scie, cela est le plus grand mal. En réponse, nous disons qu'il ne faut pas le comprendre dans ce sens. Cela signifie qu'il ne peut en aucun cas pervertir le croyant véritable et l'amener à renier sa religion, car il verra sur lui les signes transmis dans le hadith. Celui qui n'est pas ainsi peut succomber à sa tentation et le suivre, en raison des ambiguïtés qu'il porte comme il est rapporté dans le hadith cité dans l'avant dernier chapitre. Il est également possible que son sens général soit restreint par ce hadith ou un autre. Et Allah est plus savant.

---

[70] Rapporté par Al-Bazzâr dans son *Musnad* (232/7) avec une chaîne de transmission *dha'îf*.

Ibn S̲iyyâd est-il vraiment le *Dajjâl* ?

Al-Bazzâr rapporte que Muhammad ibn Al- Munkadir a dit : « J'ai entendu Jâbir ibn 'Abdillah (ﷺ) juré par Allah qu'Ibn S̲iyyâd était le *Dajjâl*. Je lui dis : Tu le jures vraiment par Allah ? Il me dit : « J'ai entendu 'Umar (ﷺ) le jurer devant le Prophète (ﷺ) et il ne l'a pas contredit. » Rapporté par Abû Dâwûd dans As-*Sunan*.[71]

Nâfi' rapporte qu'ibn 'Umar (ﷺ) disait : « Par Allah ! Je n'ai pas le moindre doute qu'Ibn S̲iyyâd est le *Dajjâl*. » Rapporté également par Abû Dâwûd avec une chaîne de transmission authentique.[72]

Muslim rapporte d'après Abû Sa'îd Al-Khudrî (ﷺ) : « Nous étions en route pour le Pèlerinage, et Ibn S̲iyyâd était avec nous. Nous avons fait une halte et nous sommes dispersés, et je me suis retrouvé seul avec lui, je me suis méfié de lui en raison des bruits qui couraient à son sujet. Il est venu vers moi pour poser ses affaires à côté des miennes, je lui ai alors dit : « Il fait très chaud, tu devrais plutôt les poser à l'ombre sous cet arbre. » Ce qu'il fit. Nous avions du lait de chèvre qu'il avait mis dans un pot et il

---

[71] Voir S̲ahih̲ *Muslim* (2929).

[72] Hadith *mawqûf* (dont la chaîne s'arrête à un Compagnon sans remonter au Prophète) [NdT] Sa chaîne de transmission est s̲ah̲îh̲.

Dans une version, le Messager d'Allah (ﷺ) le mit à l'épreuve en lui disant : « *Je t'ai dissimulé quelque chose !* » Il répondit : « C'est *Ad-Dukh* ! » Il dit : « *Sois avili, tu n'iras pas loin !* » 'Umar (ﷺ) dit : « Laisse-moi lui couper la tête, ô Messager d'Allah ! » le Prophète (ﷺ) dit : « *Si c'était lui, tu ne pourrais le dominer, et si ce n'était pas lui, il n'y aurait aucun bien à le tuer.* »[76]

Abû Dâwûd rapporte d'après Jâbir ibn 'Abdillah (ﷺ) : « Nous avons perdu la trace d'Ibn Siyyâd au cours des événements de *Al-Hurrah*.

At-Tirmidhî rapporte d'après Abû Bakrah (ﷺ) que le Messager d'Allah (ﷺ) a dit : « *Le père et la mère du Dajjâl n'auront pas d'enfants pendant trente ans. Puis, ils auront un fils borgne qui est la plus nuisible des choses et la moins utile, son œil sommeille mais son cœur ne dort pas.* » Ensuite, il nous a décrit ses parents en disant : « *Son père est grand, gras, son nez est comme un bec. Sa mère est une femme Fardhâkhiyah, aux longues mains.* »[77]

Abû Bakr (ﷺ) a dit : « Nous avons entendu la nouvelle d'une naissance chez les juifs à Médine. Nous nous sommes présentés, Az-Zubayr ibn Al-'Awwâm et moi, chez les parents de l'enfant en question. Ils correspondaient à la description que le Prophète nous en avait fait. Nous leur avons demandé alors s'ils avaient un enfant. Ils dirent : « Nous sommes restés trente ans sans avoir d'enfant pour avoir finalement un fils borgne qui est la plus nuisible des

---

[76] Rapporté par Al-Bukhârî (1354).
[77] Hadith dha'îf. Voir *Dha'îf Al-Jâmi'* (6445) de shaikh Al-Albânî.

choses et la moins utile, son œil sommeille mais son cœur ne dort pas. » Nous sommes ensuite sortis de chez eux pour le trouver sous le soleil enveloppé d'une couverture en velours, il faisait entendre comme un murmure, un grognement. Il a découvert sa tête et nous a demandé : « Qu'avez-vous dit ? » Nous répondîmes : « As-tu entendu ce que nous avons dit ? » Il dit : « Oui, mes yeux sommeillent mais mon cœur ne dort point. »

Ce Hadith est *hasan-gharîb*, nous ne le connaissons que sous la forme rapportée par Hammâd ibn Salamah.

Je dis : il a été répertorié par Abû Dâwud At-Tiyâlisî, d'après Hammâd ibn Salamah, d'après 'Alî ibn Zayd, d'après 'Abdallah ibn Abî Bakrah, d'après son père.[78]

Il a également été rapporté d'après Abû Hurayrah (ﷺ) qu'un juif est venu voir le Prophète (ﷺ)... et à la fin du hadith, il lui demanda : « Informe-moi concernant le *Dajjâl*, fait-il partie des fils d'Adam ou des fils du Diable ? Il dit : « *Il fait partie des fils d'Adam, et pas des fils du Diable, et il est de votre religion, vous les Juifs !* »

On dit aussi qu'il n'est pas encore né, il ne naîtra qu'à la fin des temps. Cependant, la première opinion est plus plausible conformément aux arguments évoqués. Et le succès vient d'Allah.

Dans ce chapitre, nous démontrerons plus amplement qu'Ibn Siyyâd et le *Dajjâl* sont une seule et unique personne. Et Allah est plus savant.

---

[78] Rapporté par At-Tiyâlisî (865), ce hadith est *dha'îf*.

Abû Sulaymân Al-Khattâbî a dit : « Les gens ont beaucoup divergé au sujet d'Ibn Siyyâd. Il est un tel mystère que tout a été dit sur lui. On pourrait se demander comment se fait-il que le Prophète (ﷺ) ait laissé un menteur revendiquant la prophétie à Médine dans sa maison, vaquer à sa guise et qu'il l'ait mis à l'épreuve en lui dissimulant un verset de sourate Ad-*Dukhân* (la fumée), et lui ait dit : « *Sois avili ! Tu n'iras pas loin !* »

Abû Sulaymân Al-Khattâbî a dit : « Mon avis est que cette affaire a eu lieu pendant la période de paix instauré par le Messager d'Allah (ﷺ) avec les juifs et leurs alliés. En effet, lorsqu'il est arrivé à Médine, il fit établir par écrit un traité de paix précisant qu'ils ne seraient pas expulsés, et préserverait le droit de non-ingérence dans leurs affaires. Le Prophète (ﷺ) savait pertinemment qu'Ibn Siyyâd était concerné par les détails de ce traité, étant l'un de leurs concitoyens. Il connaissait de lui ses pratiques divinatoires et son goût pour l'Invisible.

C'est pourquoi il l'a mis à l'épreuve, afin de se faire une idée définitive à son sujet. Lorsqu'il lui a parlé, il s'est vite rendu compte de son incompétence, et qu'il n'était qu'un vulgaire sorcier et devin, inspiré par des démons, lié par un pacte avec le diable qui lui insuffle certaines de ses paroles. Dès qu'il a répondu *Ad-Dukh*, le Prophète (ﷺ) l'a réprimandé par ces mots : « *Sois avili ! Tu n'iras pas loin !* » Il a deviné en fait que Satan lui avait insufflé ses paroles en faisant parler sa langue. Cela ne relevait pas de la révélation divine, il ne pouvait être du rang des Prophètes auxquels on révèle la science de l'Invisible.

Il ne pouvait non plus être un des élus d'Allah dont la science est inspirée (par Allah) et qui parviennent à la vérité grâce à la lumière insufflée dans leur cœur. Il pouvait uniquement se vanter d'avoir certaines intuitions le poussant à dire vrai ou faux, c'est pour cela qu'il dit : « Il me vient de vraies et de fausses informations. » Le prophète (ﷺ) lui répondit: « *Cette fois-ci, on t'a trompé.* »

La sagesse le concernant serait de dire qu'il fut une tentation de la part d'Allah dans l'intention de mettre à l'épreuve Ses pieux serviteurs, afin que périsse celui qui doit périr en connaissance de cause ! Et que s'illumine celui qui doit vivre en connaissance de cause !

Allah est Celui qui a tenté le peuple de Moïse avec le veau, certains ont été séduit et ont péri, et ont été sauvés ceux qu'Allah a guidés et protégés. Les transmissions divergent sur le devenir d'Ibn S̱iyyâd à l'âge adulte. Certaines disent qu'il s'est repenti de ses actions et précisent qu'il serait mort à Médine. Le jour de son décès, quand il a fallu prier sur sa dépouille, on a relevé son linceul pour laisser paraître son visage afin que les gens sachent vraiment et témoignent de sa disparition.

Le shaykh a dit : « La vérité est différente de cette conclusion en raison du serment de Jâbir et de 'Umar qu'Ibn S̱iyyâd est le *Dajjâl*. On rapporte qu'Abû Dhar a dit : « C'est le *Dajjâl* », on a rapporté la même chose d'Ibn 'Umar. Ibn Jâbir a dit : « Nous l'avons perdu au cours des événements d'*Al-H̱urrah.* »

Et il y a d'autres témoignages encore qui contredisent le fait qu'il serait mort à Médine. Et Allah est plus savant. »[79]

Nous donnerons plus d'élément à cette question lorsque nous parlerons de l'Espionne (*Al-Jasâsah*) dans un chapitre ultérieur si Allah le veut !

---

[79] Malgré ce que dit l'auteur, l'opinion la plus juste sur cette question est que le *Dajjâl* et Ibn Siyyâd sont deux personnes différentes même si ce second fut un petit *dajjâl*, contrairement au premier qui est le *Dajjâl Al-Akbar,* comme cela est rapporté par Ibn Kathîr et d'autres.

La rupture du mur et la libération de Gog et Magog, leur tenue vestimentaire, leur nourriture et l'explication du verset : « *et quand viendra la promesse de Mon Seigneur, Il le réduira en poussière* » [80]

Ibn Mâjah rapporte d'après Abû Hurayrah (t) que le Messager d'Allah (ﷺ) a dit : « *Chaque jour, Gog et Magog*[81] *creusent jusqu'à pratiquement percevoir la lueur du soleil. Mais celui qui les dirige leur dit:* « Arrêtez ! Vous continuerez demain. » *Allah le reconstitue alors plus résistant encore qu'il n'était. Quand leur temps sera écoulé et qu'Allah décidera de les lâcher sur les hommes, ils creuseront comme à l'accoutumée jusqu'à pratiquement percevoir la lueur du soleil, mais cette fois leur chef leur dira :* « Arrêtez ! Vous continuerez demain si

---

[80] Sourate *Al-Kahf* v.98

[81] Deux suppositions sont faites au sujet de l'étymologie de ces deux termes comme le souligne As-Saffarînî. Tout d'abord concernant leur écriture en arabe, on prononce *Ya-jûj* et *Ma-jûj* avec ou sans le *Hamza*. Ensuite, il proviendrait de *Ajij* signifiant l'incandescence du feu, autrement dit sa lueur et sa chaleur intense. Ils furent appelés ainsi en raison de leur nombre impressionnant et de leur férocité. Il proviendrait éventuellement de *Ujaj* : qui correspond à une eau fortement salée. Une troisième hypothèse serait de dire que ces deux vocables sont entrés dans la langue sans n'avoir spécialement de racine linguistique.

Allah le veut ! » *Lorsqu'ils y reviendront, ils le trouveront comme ils l'ont laissé la veille. Ils finiront donc par le percer et pourront enfin s'acharner contre les hommes. Ils assècheront les lacs et les hommes se réfugieront dans leurs abris. Puis, ils viseront le ciel de leurs flèches, et elles leurs reviendront couvertes de sang* – ce dont je me souviens – *et ils diront :* « Nous avons dominé les gens de la terre, et nous avons triomphé des gens du ciel. » *Allah enverra alors des vers sur leur nuque qui les feront périr.* »

Le Messager d'Allah (ﷺ) a dit : « *Par celui qui détient mon âme entre Ses Mains ! Les animaux s'engraisseront et remercieront tellement ils mangeront de leurs dépouilles.* »[82]

Al-Jawharî a dit : « Remercier ici a le sens de se remplir comme on dit d'une chamelle qu'elle a grossi et qu'elle s'est gonflée et de ses mamelles qu'elles sont remplies. »

Ka'b Al-Ahbâr a dit : « Gog et Magog creusent le mur de leurs becs jusqu'à parvenir pratiquement à la sortie, ils disent alors : « Nous reviendrons demain. » Mais entre temps, le mur revient à sa forme initiale. Quand le moment viendra, il sera insufflé à certain de dire : « Nous continuerons demain, si Allah le veut ! Pour finir notre tâche. » Quand ils y reviendront, ils le trouveront comme ils l'ont laissé la veille. Ils finiront donc par ouvrir une brèche et pourront enfin sortir. Les premiers d'entre eux à atteindre le lac, boiront toute son eau, le groupe du milieu se contentera de lécher les dernières flaques.

---

[82] Rapporté par Ahmad (510/2), et Ibn Mâjah avec une chaîne de rapporteurs sahîh comme l'a montré shaykh Al-Albânî dans *Sahîh Al-Jâmi'* (2276).

Les retardataires diront : « Il y avait de l'eau ici ! » Ensuite, ils décocheront leurs flèches en direction du ciel et diront : « Nous avons dominé les gens de la terre, et nous avons vaincu les gens du ciel. » Allah enverra alors sur eux des vers appelés *Naghaf* qui se fixeront sur leur nuque et les tueront tous, au point que leurs dépouilles couvriront toute la terre de leur odeur. Ensuite, Allah enverra des oiseaux pour transporter leurs cadavres dans l'océan. Allah fera pleuvoir quarante (la durée n'est pas précisée). La terre offrira ses meilleurs fruits, au point qu'une grenade suffira pour un foyer. On demanda à Ka'b : « Qu'est-ce qu'un foyer ? » il dit : « Les membres d'une maison. » Ensuite, ils entendront la Trompe. »

Ibn Mâjah rapporte d'après Abû Sa'îd Al-Khudrî (ﷺ) que le Messager d'Allah (ﷺ) a dit : « *Gog et Magog seront délivrés, ils déferleront sur le monde comme le Seigneur l'a dit :* ***« déferlant de toute part »***.[83] *Ils se répandront sur toute la terre et les musulmans les fuiront. Le reste des musulmans se réfugieront dans leurs abris où ils emporteront même leurs troupeaux. [Les premiers parmi Gog et Magog] passeront près d'un point d'eau et boiront sans rien y laisser. Après leur passage, les retardataires diront :* « Il y avait un point d'eau à cet endroit. » *Quand ils domineront la terre, et l'un d'eux dira :* « Nous en avons fini avec les occupants de la terre, mesurons-nous à présent aux occupants du ciel. » *L'un d'entre eux jettera sa lance en direction du ciel, elle lui reviendra couverte de sang. Ils diront :* « Nous avons tué les gens du ciel ! » *A ce moment, Allah enverra contre eux des vers comme*

[83] Sourate *Al-Anbiyah* v.96

des larves de criquets qui s'accrocheront à leur cou. Ils mourront comme des sauterelles, les uns sur les autres. Quand les musulmans n'entendront plus leur vacarme, ils diront : « Qui d'entre vous donnera son âme afin de voir ce qui se passe ? » *Un homme se portera volontaire, convaincu qu'il court à la mort, il les trouvera alors morts. Il criera :* « Victoire ! Votre ennemi est mort ! » *Les hommes sortiront de leurs abris et libéreront leurs troupeaux qui n'auront d'autre pâturage que les carcasses [de Gog et Magog] pour les engraisser, meilleures que tout pâturage qu'ils aient jamais goûté.* »[84]

Ibn Mâjah et Abû Bakr ibn Abî Shaybah, la formulation étant d'Ibn Mâjah, rapportent d'après 'Abdullah ibn Mas'ûd (ﷺ) : « La nuit de son Ascension, le Messager d'Allah a rencontré Ibrâhim, Mûsâ, et 'Isâ, ils ont discuté au sujet de la fin du monde. Ils ont commencé par interroger Ibrâhim, mais ce dernier n'avait aucune connaissance à ce sujet. Puis, ils interrogèrent Mûsâ qui n'en savait pas plus. Ensuite, ils passèrent la parole à 'Isâ (ﷺ) qui dit ceci : « J'ai en ma connaissance certains éléments sur la fin du monde, mais pas sur l'heure exacte qui n'est connue que d'Allah. » Ils parlèrent du *Dujjâl* et il dit : « Je vais redescendre pour le tuer, mais en revenant chez eux, les gens rencontreront Gog et Magog **« déferlants de toute part »**.[85] Ils ne passeront pas près d'un point d'eau sans l'assécher, ni près de quoi que ce soit sans le détruire. Les gens supplieront de détresse. J'implorerai alors Allah de les faire mourir. La terre sera infestée de leur odeur. Les gens supplieront de détresse. J'implorerai alors Allah qui enverra alors la pluie, [Gog et

---

[84] *Sahîh*, rapporté par Ibn Mâjah (4079).
[85] Sourate *Al-Anbiyah* v.96

Magog] seront transportés et jetés à la mer. Les montagnes seront rasées, et la terre sera lissée comme la peau. On m'a dit qu'à ce moment, le Cataclysme sera aussi imminent que les dernières heures d'une femme enceinte dont la famille ignore le moment de l'accouchement. »[86] Ibn Abî Shaybah a précisé : « De jour ou de nuit. »

Abû Al-'Awwâm a dit : « Cela est confirmé dans le Livre d'Allah, dans le verset : « ***et quand Gog et Magog seront délivrés, déferlants de toute part.*** »[87] Ils ne passeront pas par un point d'eau sans l'assécher, ni par quoi que ce soit sans le ravager, Ibn abî Shaybah rajoute : « ***Et c'est alors que la promesse approchera*** ».

On rapporte que 'Amr ibn Al-'As a dit : « Gog et Magog sont comme la poussière de la Géhenne, ils n'ont point d'amis. Ils sont de trois espèces : les uns mesurent un empan, les autres deux empans, et enfin un tiers parmi eux sont aussi grands que larges. Et ils sont les enfants de Yâfith, un des fils de Nûh. »

On rapporte que 'Atiyah ibn Hasan a dit : « Gog et Magog sont deux peuples, composé chacun de quatre cents milles âmes, aucun ne se ressemble. »

On rapporte que Al- Awzâ'î a dit : « Le monde sera coupé en sept parties, six d'entre elles seront composées de Gog et Magog, et la dernière du reste de l'humanité. »

---

[86] Rapporté par ibn Mâjah (4082), ce hadith est *dha'îf*.

[87] Sourate *Al-Anbiyah* v.96

On rapporte que Qatâda a dit : « La terre s'étend sur vingt quatre mille lieues, j'entends par-là la partie dans laquelle est le reste de l'humanité en dehors de Gog et Magog : douze mille pour l'Inde et le Sind, huit mille pour la Chine, trois mille pour les Romains, et mille pour les Arabes. »

'Alî ibn Ma'bad a rapporté d'après Ash'ath, d'après Shu'bah que Arta'ah ibn Al-Mundhir a dit : « Quand Gog et Magog seront libérés, Allah révèlera à 'Isâ (ﷺ) : « *J'ai libéré certaines de Mes créatures. A part Moi, personne ne peut rien contre eux. Réfugie-toi et ceux qui te suivent sur le mont Tûr.* » Dans leur exil, ils emmèneront douze mille enfants. Gog et Magog sont comme la poussière de la Géhenne, ils sont trois espèces : un tiers sont aussi grand qu'un grain de riz, un tiers, les pires, sont carrés (leur taille et leur largeur sont identiques), un tiers dont les oreilles pendent au sol et se touchent. Tous sont de la lignée de Yâfith, un des fils de Nûh. »

On rapporte que le Prophète (ﷺ) a dit : « *Gog est un peuple composé de quatre cents chefs, tout comme le peuple de Magog. Aucun d'eux ne meurt avant d'avoir laissé mille cavaliers de sa descendance. Ils sont de trois types : les uns dont les membres sont grands comme un grain de riz, les autres grands comme cent vingt coudées, et d'autres encore dont les oreilles pendent au sol et se touchent. Ils ne passeront pas près d'un éléphant ou d'un porc sans le dévorer. Ils dévoreront même leurs morts. La tête des troupes se trouvera dans le Shâm, tandis que les derniers seront à Khurasân. Ils assècheront tous les fleuves d'Orient et le lac de Tibériade. Mais Allah les empêchera de pénétrer Médine, la Mecque, et Al-Aqsa.* »

On rapporte qu'ils mangent tous les insectes, les serpents, les scorpions et tout être vivant parmi les créatures d'Allah sur terre. Allah n'a jamais créé une espèce se développant autant dans la même année. Aucune autre espèce ne peut se multiplier et se reproduire autant qu'eux. Ils se regrouperont comme des pigeons, aboieront comme des chiens, et s'accoupleront n'importe où comme du bétail, comme cela est rapporté dans *Al-Qasd wal-Umam fi Ansâb Al-'Arab wal-'Ajam* dans lequel l'auteur dit : « Parmi eux, certains ont des cornes, une queue et de longues dents pour manger la chair fraîche. »

Ka'b Al- Ahbâr a dit : « Allah a créé trois espèces parmi Gog et Magog : une espèce dont les corps sont comme un grain de riz, une autre mesurant quatre coudées de hauteur et de largeur, une autre enfin dont les oreilles pendent au sol et se touchent. Ils mangeront le placenta de leurs femelles comme l'a rapporté Al-Hâfizh Abû Na'îm. 'Abd Al-Mâlik ibn Habîb a dit au sujet du verset racontant l'histoire de Dhûl-Qarnayn : ***« il poursuivit son chemin »***[88] c'est-à-dire : les plaines, les montagnes, et les routes. ***« jusqu'à parvenir entre les deux barrières »***[89] entre les deux montagnes élevées par Gog et Magog. ***« Il y trouva un peuple ne comprenant presque aucun langage. Ils dirent : ô Dhul-Qarnayn ! Gog et Magog sèment le désordre sur terre »***[90]

---

[88] Sourate *Al-Kahf* v.85
[89] Sourate *Al-Kahf* v.93
[90] Sourate *Al-Kahf* v.94

'Abd Al-Mâlik a dit : « Ce sont deux peuples de la descendance de Yâfith, un des fils de Noé. Allah leur a donné une longue vie et une grande progéniture. Aucun d'eux ne meurt sans laisser derrière lui mille petits. Sur dix parties des fils d'Adam, ils en représentent neuf, laissant le dixième au reste de l'humanité.

'Abd Al-Mâlik a dit: « Ils sortaient au printemps sur les terres de ce peuple voisin. Ils mangeaient sur place toutes les cultures fraîches et emportaient avec eux tous les produits secs sans rien laisser derrière eux. Les habitants de ces terres dirent à Dhûl-Qarnayn : ***« Pourrons-nous t'offrir un tribut »*** un salaire ***« afin que tu établisses une barrière entre eux et nous »*** [91] ***« ce qu'Allah m'a accordé est meilleur »*** que votre salaire. Toutefois, ***« aidez-moi de votre force et je bâtirai un rempart entre vous et eux. »*** [92] Ils demandèrent : « Que te faut-il pour cela ? » Il répondit : « ***Amenez-moi des blocs de fer »*** [93] autrement dit des morceaux de fer qu'il a monté les uns sur les autres comme un mur entre les deux montagnes. ***« Lorsqu'il eut comblé l'espace entre les deux montagnes, il leur ordonna de souffler »*** c'est-à-dire embraser le fer ***« Quant il en eut fait une fournaise, il dit : Apportez-le que je verse dessus du cuivre. Ainsi, ils ne purent ni le franchir ni le creuser »*** [94] c'est-à-dire par-dessous.

---

[91] Sourate *Al-Kahf* v.94
[92] Sourate *Al-Kahf* v.95
[93] Sourate *Al-Kahf* v.96
[94] Sourate *Al-Kahf* v.96-97

Il versa sur le fer du cuivre fondu pour le cimenter et le rendre compact, mais « ***quand viendra l'ordre de Mon Seigneur, il le réduira en poussière*** ».[95]

Al-Hûfi Abû Al-Hasan a dit dans son exégèse du Coran : « Quand Dhûl-Qarnayn vit cela, il se mit entre les flancs des deux montagnes pour mesurer la distance se trouvant au fin fond des pays turcs en direction du soleil levant. Il vit un espace de cent lieues entre les deux extrémités. Lorsqu'il se mit à l'ouvrage, il creusa dans un premier temps les fondations en profondeur pour atteindre la nappe phréatique, puis sur une largeur de cinquante lieues.

Il renforça les extrémités de roches, et se servit de cuivre en guise de plâtre. Il le fit fondre pour le verser progressivement. Il lui donna l'aspect de l'artère souterraine d'une montagne. Puis, il l'éleva à l'aide de blocs de fer et de cuivre fondu. Il colmata les brèches avec une couche de cuivre pour qu'il soit comme un manteau à rayures, jaune pour le cuivre, le rouge et noir pour le fer. Après avoir fini, il revint vers les hommes et les djinns. »

Selon 'Alî (ﷺ) : « Une espèce parmi eux, grand d'une coudée, aura à chacun de ses membres des griffes et des dents comme les fauves, ils se regroupent comme des pigeons, s'accouplent comme du bétail, et hurlent comme des loups. Ils auront des poils pour les protéger des intempéries, de grandes oreilles, l'une velue pour l'hiver, l'autre glabre pour l'été.

---

95 Sourate *Al-Kahf* v.98

Selon Ibn 'Abbâs (ﷺ) : « *La terre se divisera en six parties, cinq parties occupées par Gog et Magog, et une sixième par le reste de l'humanité* »[96].

Ka'b Al-Ahbâr a dit : « Adam a éjaculé durant son sommeil ce qui l'a mis en colère. Son sperme s'est alors mélangé à la terre pour donner leur espèce. »

Nos savants prétendent toutefois que cette hypothèse est peu tangible étant donné que les Prophètes ne sont pas sujets aux songes érotiques.

Ad-Dhahâk a dit : « Ils font partie des Turcs. »[97]

Muqâtil a dit : « Ils sont de la descendance de Yâfith un des fils de Nûh » ce qui paraît plus plausible. Et Allah est plus savant.

'Asim a lu Ya-jûj et Ma-jûj avec un *Hamza* pour chacun des termes. Il l'a fait aussi dans la sourate *Al-Anbiyah*, car cela vient du terme *Ajja* qui désigne la chaleur vive et

---

[96] Rapporté par Ad-Dâni dans *As-Sunan Al Wâridu fil-Fitan* (674) avec une chaîne de transmission *dha'îf*.

[97] Il ne faut pas entendre par les Turcs les habitants de la Turquie actuelle, ils viendraient plutôt du Turkménistan anciennement les Mongols. Ceux-là même qui combattront les musulmans à la fin des temps. Un épisode de cet affrontement sanglant a déjà eut lieu avec l'invasion des Mongols. Ils seront dans l'armée du *Dajjâl*, ils ont un visage bien rond et rempli comme un bouclier, leurs yeux sont petits ou bridés, un nez petit, fin, et aplatit. Ils seront chaussés de fourrures, et munis de boucliers en cuir… [NdT, voir *Ashrât As-Sâ'ah* de Yusûf Al-Wâbilî]

ardente. C'est pour cela qu'on dit d'un feu animé et flamboyant qu'il est *Ajîj*.

Pour d'autres cela vient de *Ujâj* qui désigne ce qui est excessivement salé ou saumâtre. Cela aurait donc une origine arabe de *Ajj* ou *Majj* mais ils ne peuvent être conjugués car ce sont deux nombres propres féminins.

Les autres lecteurs ont lu sans *Hamza,* en faisant deux noms de tribus d'origines étrangères ne pouvant subir aucune déclinaison, car étant deux noms propres non arabes.

L'histoire de l'Espionne

Muslim rapporte dans son Sahîh, ainsi que At-Tirmidhî, et Abû Dâwûd en résumé, la formulation étant de Muslim, d'après Fâtimah bint Qays (ﷺ), le Messager d'Allah (ﷺ) a dit : « *Savez-vous pourquoi je vous ai réuni ?* » les compagnons dirent : « Allah et Son Messager le savent mieux ! Le prophète dit : « *Par Allah, je ne vous ai pas réuni pour vous exhorter ou vous sermonner. Mais, je vous ai réuni pour vous annoncer que Tamîm Ad-Dârî était chrétien et il s'est converti et a fait serment d'allégeance. Il m'a rapporté une histoire tout à fait conforme à ce que je vous ai annoncé au sujet du Dajjâl. Il m'a raconté qu'il avait embarqué sur un navire avec trente membres d'équipage venus de Lakhm et de Judhâm. Les vagues déferlantes les ont fait dériver un mois durant pour les faire échouer sur une île du soleil couchant. Ils ont mis les chaloupes du bateau à l'eau afin d'accoster sur la terre ferme. Une bête velue les a accueillis. Elle était tellement recouverte de poils qu'on ne reconnaissait pas la queue de la tête.* »

Dans la version de At-Tirmidhî, il est précisé : « *Des gens venus de Palestine ont embarqué en haute mer. La tempête a fait dériver leur navire jusqu'à l'emmener sur une île. Ils se sont retrouvés face à une bête velue à la fourrure dense. Ils lui demandèrent :* « Qui es-tu ? » Elle répondit : « Je suis l'espionne ! » La suite est similaire à la formulation de

Muslim, que nous poursuivons ici : « Ils lui dirent : « Malheur à toi ! Qui es-tu ? » Elle Répondit : « Je suis l'espionne ! » Ils dirent : « Qu'est-ce que l'espionne ? » Elle dit : « Ô vous les gens ! Allez voir cet homme dans ce monastère, il est impatient d'entendre de vos nouvelles. » Il dit : « Lorsqu'elle a évoqué un homme, nous avons pris peur, pensant qu'elle était un démon. Dès lors, nous nous sommes dépêchés de nous y rendre. Une fois entrés dans le couvent, nous fumes face au plus grand homme que nous n'ayons jamais vu, et le plus solidement enchaîné ! Ses mains étaient enchaînées à son cou, et aux chevilles. » Dans la version de At-Tirmidhî : « Nous avons trouvé un homme enchaîné.»

Dans la version d'Abû Dâwud, il est décrit : « Nous avons vu un homme aux cheveux longs, enchaîné, bondir entre ciel et terre. Nous dîmes : « Malheur à toi ! Qui es-tu ?—Vous êtes parvenus à avoir de mes nouvelles, alors donnez-moi des vôtres. – Nous venons d'une tribu arabe, nous voguions en haute mer quand les flots se sont déchaînés et nous ont fait dériver un mois durant. Nous avons ensuite échoué sur ton île et nous avons mis nos chaloupes à l'eau avant d'accoster sur la terre ferme. C'est alors que nous fûmes confrontés à une bête velue. Elle était tellement recouverte de poils que nous ne distinguions ni queue ni tête. Malheur à toi ! Qui es-tu ? Elle répondit : « Je suis l'espionne. » Nous demandâmes : « Qu'est-ce que l'espionne ? » Et elle nous dit : « Allez voir cet homme dans ce monastère, il est impatient d'entendre de vos nouvelles. » Quand elle a évoqué un homme, nous prîmes peur, pensant qu'elle était un démon, et nous nous sommes dépêchés de venir à ta rencontre. – Informez-moi au sujet de la palmeraie de Baysân. » At-Tirmidhî a précisé : celle qui se trouve entre la Jordanie et la Palestine. – Que veux-tu savoir à son sujet ? – Je veux savoir si elle donne toujours ses fruits ? – Bien sur ! – Peu s'en faut qu'elle ne donne plus rien. Parlez-moi du Lac Tibériade. – Que veux-tu savoir à son sujet ? – Y a-t-il de l'eau ? – Il est rempli ! – Peu s'en faut qu'il soit asséché. – Parlez-moi de la source de Zahgr ? – Que veux-tu savoir à son sujet ? – Y a-t-il toujours de l'eau dans cette source et les gens utilisent-ils toujours son eau pour la culture ? – Bien sur ! Son eau est toujours aussi abondante, et les paysans s'en servent pour irriguer. – Parlez-moi du Prophète des illettrés, où en est-il ? – Il est apparu à la Mecque et se trouve actuellement à Yathrib. – Les Arabes l'ont-il déjà combattu ? – Bien sur ! – Que leur a-t-il fait ? – Ils dominent les tribus alentours et ils lui obéissent. – De cette manière ? – Absolument ! – Croyez-moi ! Il vaut mieux pour eux qu'ils lui obéissent. Quant à moi, je vais vous informer à mon sujet. Je suis le *Dajjâl*. Peu s'en faut qu'on ne m'autorise à sortir. Lorsque je sortirai, je parcourrai la terre et ne laisserai aucune cité sans y passer. Et ce en quarante jours, à part Taybah (Médine) et la Mecque, car elles me sont toutes deux interdites. A chaque fois que je voudrais y pénétrer, un ange au sabre dégainé me barra la route pour m'empêcher d'entrer. A chaque porte (de la ville), il y a des anges gardiens. »

Le Messager d'Allah (ﷺ) s'est exclamé après avoir donné un coup de bâton sur la chaire : « *C'est Taybah ! (Médine). Ne vous en ai-je point parlé ?* » Les gens dirent : « Bien sur ! » Il dit : « *L'histoire de Tamîm Ad-Dârî m'a plus, elle concorde parfaitement avec ce que je vous ai dit concernant le Dajjâl, Médine et la Mecque. Il se trouve actuellement dans la mer du Shâm et du Yémen. Il est plutôt à l'Est ! Il est certes à l'Est ! En désignant l'Est de sa main.* » [98] Voilà ce que j'ai appris du Prophète (ﷺ).

Ibn Mâjah a rapporté d'après Fâṯimah bint Qays, qu'un jour le Messager d'Allah (ﷺ) est monté sur la chaire, alors qu'il ne le faisait d'habitude que le vendredi. Les gens inquiétés par ce geste restèrent debout pour certains tandis que d'autres étaient déjà assis. Il leur fit signe de s'asseoir et dit : « *Par Allah ! Je ne me suis pas levé ici, si ce n'est pour une affaire qui vous est utile, non pour vous faire un sermon. Tamîm Ad-Dârî est venu me voir pour m'annoncer une nouvelle qui m'a empêché de faire la sieste tant celle-ci me rendit heureux et me réjouit ! J'ai voulu ainsi vous faire partager la joie de votre Prophète. Un cousin de Tamîm Ad-Dârî m'a informé que le vent les a poussés vers une île inconnue. Ils ont mis à l'eau les chaloupes et ramé jusqu'à la terre ferme. Ils se sont alors retrouvés nez à nez avec une chose noire et velue, pleine de poils. Ils lui demandèrent :* « Qui es-tu ? — Je suis l'espionne. — Dis-nous en plus. — Je ne suis pas là pour vous informer de quoi que ce soit sur moi ni pour vous poser des questions. Voyez plutôt ce monastère, il s'y trouve un homme impatient d'échanger des informations avec vous. » *Ils s'y rendirent et se trouvèrent face à un vieil homme, solidement enchaîné, à l'air triste, il paraissait souffrir énormément, il leur dit :* « D'où venez-vous ? — Du Shâm. — Quelles sont les nouvelles des Arabes ? — Nous sommes une tribu Arabe, que veux-tu savoir exactement ? — Qu'est-il advenu de cet

[98] Rapporté par Muslim (2942)

homme qui est apparu parmi vous ? – Que du bien, il est apparu à un peuple sur lequel Allah lui a donné la puissance. Ils sont désormais unis, ils ont une seule divinité, une seule religion et un seul Prophète. – Qu'elles sont les nouvelles de la source de Zaghr ? –Tout va bien, Les paysans irriguent toujours les champs de son eau et les gens en boivent. – Qu'en est-il de la palmeraie entre Ammân et Baysân ? – Elle donne ses fruits chaque année. – Parlez-moi du lac Tibériade. – Il déborde tellement il est rempli. » Il gémit à trois reprises et dit : « Si je pouvais me libérer des ces liens, je ne laisserais aucune terre sans la fouler de mes deux pieds, sauf Taybah dans laquelle je ne peux pénétrer. » Le Prophète (ﷺ) ajouta : « *Son histoire s'arrête ici. Et cette ville est Taybah, par Celui qui détient mon âme entre Ses Mains ! Il n'y a pas une rue large ou étroite, une plaine ou une montagne sans qu'il n'y ait un ange brandissant son épée jusqu'au jour de la Résurrection.* »[99]

L'auteur dit : « Ce hadith est authentique. Il a été rapporté par Muslim, At-Tirmidhî, Abû Dâwud, et d'autres. »

On a dit que la bête en question serait le petit de la chamelle de Sâlih. Quand la mère fut abattue, le chamelon se serait sauvé seul. Un rocher se serait déplacé pour lui laisser un abri, et se serait refermé derrière lui. Il s'y trouverait actuellement jusqu'à ce qu'Allah lui permette de sortir.

---

[99] Rapporté par ibn Mâjah avec une chaîne de rapporteurs *dha'îf*. Ici l'histoire est racontée par le cousin de Tamîm alors que dans la version de Muslim, c'est Tamîm lui-même qui rapporte cette histoire.

Le hadith de Hudhayfah (ﷺ) rapporté dans ce chapitre vient soutenir cette hypothèse. Il montre en effet qu'elle blatère, ce qui est spécifique à la famille du chameau. Et Allah est plus savant.

...

Les savants voyant qu'Ibn Siyyâd n'est pas le *Dajjâl* se sont appuyés sur ce hadith et d'autres pour étayer leur thèse. Pourtant, ce qui est authentique (pour Al-Qurtubî) est qu'Ibn Siyyâd est le *Dajjâl,* au regard des arguments cités précédemment. Il n'est pas improbable qu'il se trouvait sur cette île à ce moment, et parmi les Compagnons à d'autres moments jusqu'au jour où ils ont perdu sa trace au cours des événements de *Al-Hurrah.* Abû Dâwûd rapporte concernant l'histoire de l'espionne, d'après Abû Salamah ibn 'Abd Ar-Rahmân : « Jâbir a témoigné qu'Ibn Syyâd était le Dajjâl, je lui dis : « Mais il est mort ! » Il répondit : « Même s'il est mort. » Je repris : « Mais il s'est converti ! » Il répondit : « Même s'il s'est converti. » J'ajoutai : « Mais il est rentré à Médine ! » Il dit : « Même s'il est entré à Médine. »[100]

Sayf ibn 'Umar a rapporté dans *Al-Futûh wa-Riddât* : « Quand Abû Sabrah s'arrêta à la tête de son armée au porte de Sûs, et que les musulmans l'ont encerclée sous le commandement de As-Shahrabân, le frère de Al-Harmazân, ils manoeuvrèrent pour pousser l'ennemi à l'affrontement. Les musulmans de la ville subissaient également ce siège. Un jour, les moines et les prêtres

[100] Rapporté par Abû Dâwûd, Al-Albânî l'a jugé *dha'îf.*

escaladèrent la muraille et dirent : « Ô vous les Arabes ! Nos savants et nos ancêtres nous ont confié que personne ne pourrait conquérir Sûs si ce n'est le Dajjâl ou une armée ayant le Dajjâl dans leurs rangs. S'il est vraiment parmi vous, alors vous conquerrez la ville. Mais, s'il n'est pas parmi vous, vos efforts ne vous serviront à rien. » Ce jour-là, Ibn Siyyâd s'est présenté avec An-Nu'mân à la tête d'un détachement aux portes de la ville, la colère se voyait sur son visage. Il frappa la porte de son pied et cria : « Ouvre-toi ! » Elle s'envola en faisant éclater les chaînes et les poutres. Quand les battants se sont ouverts, les musulmans purent y entrer facilement. » En plus de cette preuve, on peut ajouter son histoire avec Abû Sa'îd, lorsqu'il dit : « Par Allah ! Je le connais, je connais précisément son lieu de naissance, et où il se trouve actuellement ! »

At-Tirmidhî a dit : « Et actuellement où est-il ? Et son aveu qu'il connaît son père est comme la preuve formelle que c'est bien lui. Quant à ses arguments : qu'il est musulman, qu'il vient de Médine et va à la Mecque, c'est un stratagème pour mieux leurrer son interlocuteur. Il va en effet apostasier le jour de sa grande apparition. Ce jour-là, il ne pourra plus avoir d'enfant ni entrer dans les deux Villes Saintes. Et Allah est plus savant »

...

Al-Khattâbi et Al-Mâdhirî ont dit : « Etre velu signifie avoir des poils drus, cela concerne aussi bien les animaux que les hommes. Il peut avoir aussi un sens contraire, c'est à dire être dénué de tout poil. A travers leur question, ils pensaient qu'ils avaient à faire à un animal non doué de raison. Après l'avoir entendue, ils ont été effrayés par elle. Les flots agités sont des vagues déferlantes qui viennent se briser les unes après les autres. Baysân et Zughar sont deux lieux dans la région du Shâm entre la Jordanie et la Palestine comme le précise le hadith de At-Tirmidhî. »

Al-Hâfizh Abû Al-Khattâb ibn Dihyah a dit : « Baysân était une ville. Ces habitants jouissaient d'un grand marché et d'une source surnommée Falûs de laquelle ils s'abreuvaient. Le Lac de Tibériade est un lac immense long de dix miles, et large de six. Ses vagues sont comme des forteresses, il est profond et peut accueillir des navires, la pêche y est également fructueuse. Son eau est douce et potable. Entre le Lac et Al-Quds, il y a une distance d'environ cent miles, elle entre de surcroît dans le périmètre jordanien.

'Ayn (source de) *Zughar* est un nom propre. Al-Kalbî dit que Zughar est une femme dont le nom a été donné à cette source. S'il dit vrai, c'est un hommage, car celle-ci l'aurait découvert et aurait installé sa maison aux alentours comme l'a évoqué ibn Dihyah dans *Al-Bishârât wal-Indhârât,* qui est un de ses écrits.[101]

---

[101] Ici se terminent les paroles d'Al-Qurtubî extraites du livre *At-Tadhkirah*.

Pourquoi le *Dajjâl* n'est-il pas évoqué explicitement dans le Coran ?

Al-Hâfizh Ibn Kathîr a dit dans *An-Nihâya fil-Fitan wal-Malâhim,* lorsqu'on lui a posé la question suivante : « Quelle sagesse peut-on tirer du fait que le *Dajjâl,* malgré son immense mal, sa perversité, sa notoriété, sa prétention de la Seigneurie – ce qui est un mensonge manifeste – et la mise en garde de tous les Prophètes contre lui, comment ce fait-il après tout cela que le Coran ne l'ait pas évoqué et n'ait pas averti contre son mal, en donnant clairement son nom et en faisant allusion à ses mensonges et à sa rébellion ?

La réponse peut se décomposer en plusieurs points :

Premièrement : Il est fait allusion à lui dans le verset : ***« Le jour où viendront certains signes de Ton Seigneur, la foi de l'individu ne lui servira à rien, s'il n'avait pas cru auparavant ou s'il n'avait acquis aucun mérite de sa foi »***[102] Abû 'Isâ At-Tirmidhî rapporte au sujet de l'exégèse de ce verset... d'après Abû Hurayrah, le Prophète (ﷺ) a dit : « *Trois événements, lorsqu'ils se réaliseront, la foi de l'individu ne lui servira à rien s'il n'avait pas cru auparavant ou s'il n'avait acquis aucun mérite de sa foi, (il cita le verset) : Le Dajjâl, la Bête,*

---

[102] Sourate *Al-An'âm* v.158

et le lever du soleil de l'Occident. » Puis il dit : ce hadith est *hasan-sahîh*.

Deuxièmement : 'Isâ (ﷺ) descendra du ciel… et tuera le *Dajjâl* comme nous l'avons vu. Il est fait mention de son retour dans le Coran à travers la Parole d'Allah : « ***et pour leur parole : "Nous avons tué le Messie, 'Isâ fils de Marie, le Messager d'Allah". Or, ils ne l'ont ni tué ni crucifié; mais ce n'était qu'un faux semblant ! Et ceux qui ont divergé à son sujet sont vraiment dans l'incertitude : ils n'en ont aucune science certaine et ne font que suivre des conjectures et ils ne l'ont certes pas tué mais Allah l'a élevé vers Lui. Et Allah est Puissant et Sage. Il n'y aura personne, parmi les gens du Livre, qui n'aura pas foi en lui (le Messie) avant sa mort. Et au Jour de la Résurrection, il sera témoin contre eux*** »[103]

Nous avons établi dans notre exégèse que le pronom dans « ***avant sa mort*** » désigne 'Isâ (ﷺ), autrement dit : il va redescendre sur terre pour que croient en lui les gens du Livre qui se sont divisés à son sujet. Certains l'ont pris comme divinité comme les Chrétiens, d'autres l'ont calomnié de la pire des façons comme les Juifs qui ont dit qu'il était une enfant issu de la fornication. Lorsqu' il reviendra à la fin des temps, chaque groupe verra son erreur et son mensonge à son encontre.

C'est pourquoi l'évocation du retour du Messie dans le Coran sous-entend l'évocation du *Dajjâl*, le Messie de l'égarement qui est le contraire du Messie de la guidée. Il

---

[103] Sourate *An-Nisâ* v.157-159

est établi que l'usage chez les Arabes veut qu'ils se suffisent de citer un opposé pour signifier l'autre.

Troisièmement : C'est par mépris que son nom n'est pas mentionné explicitement dans le Coran, car il a prétendu la divinité, alors qu'il n'est un homme ne possédant rien de la Majesté, la Grandeur et la Pureté du Seigneur, exempt de toute imperfection. Il est si méprisé auprès du Seigneur qu'il ne mérite pas d'être évoqué, si méprisable qu'il ne mérite pas autant d'attention.

Mais les Messagers ont dévoilé à leurs peuples la vérité sur cet imposteur. Ils ont veillé à mettre en garde contre ses tentations et pouvoirs égarant et éphémères. Allah s'est suffit du message des Prophètes et de la diffusion de ces informations de la part du maître des fils d'Adam et de l'imam des pieux (Muhammad). Sa bassesse vis-à-vis d'Allah ne pouvait être évoquée dans le Noble Coran, c'est pourquoi il a chargé de cette mission tout Prophète noble.

Tu peux toujours avancer que Pharaon est cité dans le Coran, malgré tous ses mensonges car il a osé dire : « ***Je suis votre Seigneur le plus haut*** »[104] et : « ***Ô vous les nobles! Je ne vous connais pas d'autre divinité en dehors de moi.*** »[105] En réponse à cela nous disons que les tribulations de Pharaon sont terminées. Son mensonge est clair pour tout croyant et homme doué de raison. Alors que le cas du *Dajjâl* arrivera dans le futur et sera une épreuve pour les

[104] Sourate *An-Nâzi'ât* v.24
[105] Sourate *Al-Qasas* v.38

serviteurs. C'est pourquoi, il n'est pas évoqué dans le Coran, par mépris pour lui et épreuve pour les hommes.

Quatrièmement : il est possible de ne pas évoquer une chose tant celle-ci est manifeste… et ce dont nous parlons est de cet ordre. Cela est si connu qu'il n'est pas nécessaire de le citer. Il est donc superficiel de vouloir étoffer une connaissance déjà bien ancrée dans les cœurs.

Avertissement aux femmes contre le *Dajjâl,* car le Prophète nous a informés que la majorité de ceux qui le suivront seront des femmes.

L'imam Ahmad a rapporté dans *Al-Musnad* (67/2) (5353), d'après Ahmad ibn 'Abd Al-Mâlik, d'après Muhammad ibn Salamah ibn Ishâq, d'après Muhammad ibn Talhah, d'après Salim, d'après Ibn 'Umar (ﷺ), le Messager d'Allah (ﷺ) a dit : « *Le Dajjâl s'arrêtera dans ces marécages, à une distance d'un jet de lance. Les femmes seront celles qui iront le plus à lui, au point qu'un homme rentrera chez ses proches, sa mère, sa fille, sa sœur, et sa tante (maternelle), et devra les ligoter de crainte de les voir s'échapper vers lui. Puis, Allah donnera la victoire aux musulmans contre lui, ils le tueront lui et ses partisans, au point qu'un ennemi se cachera sous un arbre ou un rocher qui dira au musulman :* « Il y a un ennemi sous moi ! Tue-le ! »[106]

---

[106] Ce hadith est sahîh grâce à d'autres hadiths qui viennent l'appuyer.

Résumé de la biographie du *Dajjâl*

Ibn Kathîr a dit :

1_ C'est un être humain qu'Allah a créé pour éprouver les hommes à la fin des temps. Il en égarera beaucoup à travers lui, et en guidera beaucoup. Il n'égarera cependant que les pervers…

2_ Nous avons vu qu'il n'est pas Ibn S̲iyyâd, bien que ce dernier fût un *dajjâl* (mais pas le *Dajjâl Al-Akbar*). Son repentir fut accepté par les gens, et il fut par la suite un musulman apparemment sincère, comme le démontre son comportement. Le *Dajjâl Al-Akbar* est celui évoqué dans le hadith de Fât̲imah bint Qays où le Prophète (ﷺ) relate l'histoire de Tamîm Ad-Dârî qui comprend notamment l'épisode de l'Espionne.

3_ A la fin des temps, il lui sera autorisé à se manifester… dans un premier temps à Asbahân dans une contrée connue sous le nom de *Al- Yahûdiyah* (ville Juive).

4_ Soixante-dix milles Juifs parmi ses habitants s'allieront à lui, ils seront armés d'épées et vêtus de *Sayjân*, (toge verte ou un manteau persan).

5_ Dans un premier temps, il apparaîtra sous l'image d'un roi tyran. Il prétendra ensuite qu'il est un Prophète pour enfin prétendre la Seigneurie. Les ignorants et les moins que rien le suivront. Alors que ceux qu'Allah aura guidés parmi les vertueux et Ses alliés s'opposeront à lui.

6_ Il conquerra les pays les uns après les autres, et fera tomber les citadelles une à une, contrée après contrée, région après région. Il ne restera pas une terre sans qu'il ne la foule du sabot de sa monture et de son pied, sauf Médine et la Mecque...

7_ Il restera sur terre une période de quarante jours, un jour comme une année, un jour comme un mois, un jour comme une semaine, et le reste de son séjour sera équivalent aux jours habituels. En tout cela fera un an, deux mois et quinze jours...

8_ Allah lui accordera de multiples pouvoirs afin d'égarer les gens qu'Allah aura voulu parmi Ses créatures. Cependant les croyants ne céderont pas à ses tentations, ils vont au contraire se raffermir dans la foi, et seront plus clairvoyants et guidés.

9_ 'Isâ fils de Marie, le Messie de la guidée, redescendra sur terre à l'époque du *Dajjâl*, le Messie de l'égarement, sur le minaret blanc à l'Est de Damas. Les croyants et serviteurs pieux d'Allah s'uniront alors autour de lui, ils voyageront à la recherche du *Dajjâl* en direction d'Al-Quds (en Palestine)... Le Dajjâl le fuira, mais il le rattrapera à la porte de la ville de *Lud*...

10_ Face à son adversaire, le *Dajjâl* fondra comme le sel fond dans l'eau. Il le cernera et le tuera d'un coup de lance à la porte de *Lud* où il mourra, qu'Allah le maudisse.

Résumé de la description du *Dajjâl*

1_ Il est borgne comme cela a été rappelé précédemment dans les hadiths authentiques.

2_ Il est de couleur rougeâtre. Une version plus précise signale qu'il est d'un blanc éclatant. Il est possible de concorder les différentes versions en disant : « *il est d'un blanc éclatant virant vers le rouge.* »

3_ Il est corpulent. Dans une version du hadith de l'espionne il est décrit comme suit : « une fois à l'intérieur, (dans le monastère) nous fumes face au plus grand homme que nous n'ayons jamais vu. »

4_ Il est écrit entre ses yeux mécréant (*kâfir*), tout croyant pourra le déchiffrer qu'il sache lire ou non. Dans une version, il est dit : « *tout musulman.* »

5_ Il a beaucoup de cheveux, de derrière on dirait un serpent, dans une version, il est dit : « *de derrière il est frisé comme des mailles.* » Autrement dit, ces cheveux sont crépus et rêches.[107]

---

[107] Ici prennent fin les paroles d'Ibn Kathîr.

Comment se protéger contre le *Dajjâl* ?

Premièrement : Chercher protection auprès d'Allah contre ses tentations après la formule du *Tashahhud* dans la prière. Abû Hurayrah (ﷺ) rapporte que le Messager d'Allah (ﷺ) a dit : « *Lorsque l'un d'entre vous prononce le Tashahhud, qu'il cherche protection auprès d'Allah contre quatre choses, qu'il dise : ô Allah ! Je cherche protection auprès de Toi contre le châtiment de la Géhenne, le châtiment de la tombe, les tentations de la vie et de la mort et les tentations du Dajjâl.* »[108]

Certains savants considèrent comme obligatoire la prononciation de cette formule après celle du *Tashahhud* conformément à l'ordre rapporté à ce sujet. Il faut savoir qu'en principe la forme impérative implique une obligation et rien n'a été rapporté permettant d'en diminuer le caractère obligatoire. Ceci est appuyé par le hadith rapporté par Muslim : « *Il l'apprenait aux Compagnons, comme il leur apprenait une sourate du Coran.* »[109]

Médite, qu'Allah te fasse miséricorde, le lien entre le *Dajjâl* et le châtiment de l'Enfer et de la tombe, et la demande de protection contre toutes ces choses dans chaque prière. Cela te montre l'immensité de sa tentation et

---

[108] Rapporté par Muslim (588).
[109] Rapporté par Muslim (590).

te conduit à ne pas négliger cette demande de protection et à l'accomplir au contraire avec recueillement, crainte d'Allah et humilité. Ibn Kathîr a dit : « Notre shaykh Abû 'Abdillah Ad-Dhahabî a dit : la demande de protection contre le *Dajjâl* est largement transmise (*mutawâtir*) du prophète ». »

Deuxièmement : Apprendre les dix premiers versets de sourate *La Caverne* et les lire sur lui si on le rencontre, comme cela est rapporté dans le hadith de An-Nawwâs ibn Sam'ân (ﷺ) : « *Celui d'entre vous qui le rencontre, qu'il lise les dix premiers versets de sourate la Caverne.* » Et aussi dans le hadith d'Abû Dardâ : « *Quiconque mémorise les dix premiers versets de sourate la caverne, sera protégé contre la tentation du Dajjâl.* »[110]

Troisièmement : S'éloigner de lui, comme il est rapporté par 'Imrân ibn Husayn (ﷺ) : « *Quiconque entend parler du Dajjâl, qu'il s'éloigne de lui. Par Allah ! Un homme se présentera à lui, pensant être croyant, mais le suivra en raison des ambiguïtés avec lesquelles il est envoyé ou qu'il porte.* »[111]

Quatrièmement : S'attacher à Médine et à la Mecque ou encore la mosquée d'Al-Aqsâ et au Mont Tûr comme cela est rapporté authentiquement dans les hadiths cités précédemment.

---

[110] Rapporté par Muslim (809). La version évoquant les dix derniers versets est *shâdh* (en contradiction avec de nombreuses versions authentiques) comme l'a montré shaykh Al-Albânî.

[111] Rapporté par Ahmad dans *Kitâb Al-Fitan* (10), ce hadith est *sahîh* comme nous l'avons vu précédemment.

Cinquièmement : Abû Qilâbah rapporte : « J'ai aperçu des gens à Médine attroupés autour d'un homme qui leur disait : « Le Prophète a dit ! Le Prophète a dit ! » Un Compagnon du Prophète (ﷺ) a alors dit : « *Viendra après vous le menteur égareur, de derrière il est frisé comme de la maille (à trois reprises). Il dira : je suis votre Seigneur ! Quiconque dira : « tu n'es pas notre Seigneur, Allah est notre Seigneur ! Nous plaçons notre confiance et nous revenons vers Lui. Nous cherchons refuge auprès d'Allah contre ton mal », il n'aura aucune emprise sur lui.* »[112]

Nous demandons à Allah, le Tout Puissant qu'Il nous préserve de la tentation du *Dajjâl*, de la tentation de la vie et de la mort, de la tentation de l'opulence et de la facilité, de la tentation de l'épreuve et des difficultés et de toutes les tentations apparentes ou cachées, il est certes Celui qui en a le pouvoir, et notre dernière invocation est : louange à Allah Seigneur de l'univers.

---

[112] Rapporté par Ahmad (372/5), ce hadith est sahîh.

Table des matières

Disponible aux éditions Dar Al-Muslim

Notions indispensables à l'ensemble de la communauté, de Shaykh Ibn Bâz, commentées par Abdel 'Azîz Ibn Dâwûd Al-Fayz.

Le Faux Messie et le retour de 'Isâ, de l'imam Al-Qurtubî.

Les péchés et leurs effets néfastes sur l'individu et la société, de l'imam Ibn Qayyim Al-Jawziyyah.

A paraître prochainement (inshâ Allah)

Le comportement du Prophète, de shaykh 'Abd Al-Muhsin Al-'Abbâd.

L'éducation des enfants en islam, Umm 'Abd Ar-Rahmân Al-Athariyyah.

Recommandations à la femme musulmane, Umm 'Abdillah Al-Wâdi'iyyah.

Fatâwâ sur le mariage et les relations conjugales, du comité des grands savants.